心一堂術數古籍珍本叢刊

書名：章仲山門內真傳《三元九運挨星篇》《運用篇》
《挨星定局篇》《口訣篇》等合刊
系列：心一堂術數古籍珍本叢刊　堪輿類　無常派玄空珍秘　第二輯　204
作者：【清】章仲山、柯遠峰等
主編、責任編輯：陳劍聰
心一堂術數古籍珍本叢刊編校小組：陳劍聰　素聞　梁松盛　鄒偉才　虛白盧主

出版：心一堂有限公司
通訊地址：香港九龍旺角彌敦道六一〇號荷李活商業中心十八樓〇五—〇六室
深港讀者服務中心：中國深圳市羅湖區立新路六號羅湖商業大廈負一層〇〇八室
電話號碼：(852)67150840
網址：publish.sunyata.cc　電郵：sunyatabook@gmail.com
網店：http://book.sunyata.cc
淘寶店地址：https://shop210782774.taobao.com
微店地址：https://weidian.com/s/1212826297
臉書：https://www.facebook.com/sunyatabook
讀者論壇：http://bbs.sunyata.cc/

版次：二零一八年一月初版
平裝

定價：港幣　一百八十元正
新台幣　六百九十八元正

國際書號：ISBN 978-988-8317-93-6

香港發行：香港聯合書刊物流有限公司
地址：香港新界大埔汀麗路36號中華商務印刷大廈3樓
電話號碼：(852)2150-2100
傳真號碼：(852)2407-3062
電郵：info@suplogistics.com.hk

台灣發行：秀威資訊科技股份有限公司
地址：台灣台北市內湖區瑞光路七十六巷六十五號一樓
電話號碼：+886-2-2796-3638
傳真號碼：+886-2-2796-1377
網絡書店：www.bodbooks.com.tw
台灣國家書店讀者服務中心：
地址：台灣台北市中山區松江路二〇九號一樓
電話號碼：+886-2-2518-0207
傳真號碼：+886-2-2518-0778
網絡書店：http://www.govbooks.com.tw

中國大陸發行　零售：深圳心一堂文化傳播有限公司
深圳地址：深圳市羅湖區立新路六號羅湖商業大廈負一層〇〇八室
電話號碼：(86)0755-82224934

心一堂微店二維碼

心一堂淘寶店二維碼

心一堂術數古籍 珍本叢刊 整理 總序

術數定義

術數，大概可謂以「推算（推演）、預測人（個人、群體、國家等）、事、物、自然現象、時間、空間方位等規律及氣數，並或通過種種『方術』，從而達致趨吉避凶或某種特定目的」之知識體系和方法。

術數類別

我國術數的內容類別，歷代不盡相同，例如《漢書・藝文志》中載，漢代術數有六類：天文、曆譜、五行、蓍龜、雜占、形法。至清代《四庫全書》，術數類則有：數學、占候、相宅相墓、占卜、命書、相書、陰陽五行、雜技術等，其他如《後漢書・方術部》、《藝文類聚・方術部》、《太平御覽・方術部》等，對於術數的分類，皆有差異。古代多把天文、曆譜、及部分數學均歸入術數類，而民間流行亦視傳統醫學作為術數的一環；此外，有些術數與宗教中的方術亦往往難以分開。現代民間則常將各種術數歸納為五大類別：命、卜、相、醫、山，通稱「五術」。

本叢刊在《四庫全書》的分類基礎上，將術數分為九大類別：占筮、星命、相術、堪輿、選擇、三式、讖諱、理數（陰陽五行）、雜術（其他）。而未收天文、曆譜、算術、宗教方術、醫學。

術數思想與發展——從術到學，乃至合道

我國術數是由上古的占星、卜筮、形法等術發展下來的。其中卜筮之術，是歷經夏商周三代而通過「龜卜、蓍筮」得出卜（筮）辭的一種預測（吉凶成敗）術，之後歸納並結集成書，此即現傳之《易

經》。經過春秋戰國至秦漢之際，受到當時諸子百家的影響、儒家的推祟，遂有《易傳》等的出現，原本是卜筮術書的《易經》，被提升及解讀成有包涵「天地之道（理）」之學。因此，《易・繫辭傳》曰：「易與天地準，故能彌綸天地之道。」

漢代以後，易學中的陰陽學說，與五行、九宮、干支、氣運、災變、律曆、卦氣、讖緯、天人感應說等相結合，形成易學中象數系統。而其他原與《易經》本來沒有關係的術數，如占星、形法、選擇，亦漸漸以易理（象數學說）為依歸。《四庫全書・易類小序》云：「術數之興，多在秦漢以後。要其旨，不出乎陰陽五行，生尅制化。實皆《易》之支派，傳以雜說耳。」至此，術數可謂已由「術」發展成「學」。

及至宋代，術數理論與理學中的河圖洛書、太極圖、邵雍先天之學及皇極經世等學說給合，通過術數以演繹理學中「天地中有一太極，萬物中各有一太極」（《朱子語類》）的思想。術數理論不單已發展至十分成熟，而且也從其學理中衍生一些新的方法或理論，如《梅花易數》、《河洛理數》等。

在傳統上，術數功能往往不止於僅僅作為趨吉避凶的方術，及「能彌綸天地之道」的學問，亦有其「修心養性」的功能，「與道合一」（修道）的內涵。《素問・上古天真論》：「上古之人，其知道者，法於陰陽，和於術數。」數之意義，不單是外在的算數、歷數、氣數，而是與理學中同等的「道」、「理」--心性的功能，北宋理氣家邵雍對此多有發揮：「聖人之心，是亦數也」、「萬化萬事生乎心」、「心為太極」。《觀物外篇》：「先天之學，心法也。……蓋天地萬物之理，盡在其中矣，心一而不分，則能應萬物。」反過來說，宋代的術數理論，受到當時理學、佛道及宋易影響，認為心性本質上是等同天地之太極。天地萬物氣數規律，能通過內觀自心而有所感知，即是內心也已具備有術數的推演及預測、感知能力；相傳是邵雍所創之《梅花易數》，便是在這樣的背景下誕生。

《易・文言傳》已有「積善之家，必有餘慶；積不善之家，必有餘殃」之說，至漢代流行的災變說及讖緯說，我國數千年來都認為天災，異常天象（自然現象），皆與一國或一地的施政者失德有關；下至家族、個人之盛衰，也都與一族一人之德行修養有關。因此，我國術數中除了吉凶盛衰理數之外，人心的德行修養，也是趨吉避凶的一個關鍵因素。

術數與宗教、修道

在這種思想之下，我國術數不單只是附屬於巫術或宗教行為的方術，又往往是一種宗教的修煉手段--通過術數，以知陰陽，乃至合陰陽（道）。「其知道者，法於陰陽，和於術數。」例如，「奇門遁甲」術中，即分為「術奇門」與「法奇門」兩大類。「法奇門」中有大量道教中符籙、手印、存想、內煉的內容，是道教內丹外法的一種重要外法修煉體系。甚至在雷法一系的修煉上，亦大量應用了術數內容。此外，相術、堪輿術中也有修煉望氣（氣的形狀、顏色）的方法；堪輿家除了選擇陰陽宅之吉凶外，也有道教中選擇適合修道環境（法、財、侶、地中的地）的方法，以至通過堪輿術觀察天地山川陰陽之氣，亦成為領悟陰陽金丹大道的一途。

易學體系以外的術數與的少數民族的術數

我國術數中，也有不用或不全用易理作為其理論依據的，如揚雄的《太玄》、司馬光的《潛虛》。也有一些占卜法、雜術不屬於《易經》系統，不過對後世影響較少而已。

外來宗教及少數民族中也有不少雖受漢文化影響（如陰陽、五行、二十八宿等學說。）但仍自成系統的術數，如古代的西夏、突厥、吐魯番等占卜及星占術，藏族中有多種藏傳佛教占卜術、苯教占卜術、擇吉術、推命術、相術等；北方少數民族有薩滿教占卜術；不少少數民族如水族、白族、布朗族、佤族、彝族、苗族等，皆有占雞（卦）草卜、雞蛋卜等術，納西族的占星術、占卜術，彝族畢摩的推命術、占卜術……等等，都是屬於《易經》體系以外的術數。相對上，外國傳入的術數以及其理論，對我國術數影響更大。

曆法、推步術與外來術數的影響

我國的術數與曆法的關係非常緊密。早期的術數中，很多是利用星宿或星宿組合的位置（如某星在某州或某宮某度）付予某種吉凶意義，并據之以推演，例如歲星（木星）、月將（某月太陽所躔之宮次）等。不過，由於不同的古代曆法推步的誤差及歲差的問題，若干年後，其術數所用之星辰的位置，已與真實星辰的位置不一樣了；此如歲星（木星），早期的曆法及術數以十二年為一周期（以應地支），與木星真實周期十一點八六年，每幾十年便錯一宮。後來術家又設一「太歲」的假想星體來解決，是歲星運行的相反，週期亦剛好是十二年。而術數中的神煞，很多即是根據太歲的位置而定。又如六壬術中的「月將」，原是立春節氣後太陽躔娵訾之次而稱作「登明亥將」，至宋代，因歲差的關係，要到雨水節氣後太陽才躔娵訾之次，當時沈括提出了修正，但明清時六壬術中「月將」仍然沿用宋代沈括修正的起法沒有再修正。

由於以真實星象周期的推步術是非常繁複，而且古代星象推步術本身亦有不少誤差，大多數術數除依曆書保留了太陽（節氣）、太陰（月相）的簡單宮次計算外，漸漸形成根據干支、日月等的各自起例，以起出其他具有不同含義的眾多假想星象及神煞系統。唐宋以後，我國絕大部分術數都主要沿用這一系統，也出現了不少完全脫離真實星象的術數，如《子平術》、《紫微斗數》、《鐵版神數》等。後來就連一些利用真實星辰位置的術數，如《七政四餘術》及選擇法中的《天星選擇》，也已與假想星象及神煞混合而使用了。

隨着古代外國曆（推步）、術數的傳入，如唐代傳入的印度曆法及術數，元代傳入的回回曆等，其中我國占星術便吸收了印度占星術中羅睺星、計都星等而形成四餘星，又通過阿拉伯占星術而吸收了其中來自希臘、巴比倫占星術的黃道十二宮、四大（四元素）學說（地、水、火、風），並與我國傳統的二十八宿、五行說、神煞系統並存而形成《七政四餘術》。此外，一些術數中的北斗星名，不用我國傳統的星名：天樞、天璇、天璣、天權、玉衡、開陽、搖光，而是使用來自印度梵文所譯的：貪狼、巨門、祿存、文曲，廉貞、武曲、破軍等，此明顯是受到唐代從印度傳入的曆法及占星術所影響。如星命術中的《紫微斗數》及堪輿術中的《撼龍經》等文獻中，其星皆用印度譯名。及至清初《時憲曆》，置閏之法則改用西法「定氣」。清代以後的術數，又作過不少的調整。

此外，我國相術中的面相術、手相術，唐宋之際受印度相術影響頗大，至民國初年，又通過翻譯歐西、日本的相術書籍而大量吸收歐西相術的內容，形成了現代我國坊間流行的新式相術。

陰陽學——術數在古代、官方管理及外國的影響

術數在古代社會中一直扮演着一個非常重要的角色，影響層面不單只是某一階層、某一職業、某一年齡的人，而是上自帝王，下至普通百姓，從出生到死亡，不論是生活上的小事如洗髮、出行等，大事如建房、入伙、出兵等，從個人、家族以至國家，從天文、氣象、地理到人事、軍事，從民俗、學術到宗教，都離不開術數的應用。我國最晚在唐代開始，已把以上術數之學，稱作陰陽（學），行術數者稱陰陽人。（敦煌文書、斯四三二七唐《師師漫語話》：「以下說陰陽人謾語話」，此說法後來傳入日本，今日本人稱行術數者為「陰陽師」）。一直到了清末，欽天監中負責陰陽術數的官員中，以及民間術數之士，仍名陰陽生。

古代政府的中欽天監（司天監），除了負責天文、曆法、輿地之外，亦精通其他如星占、選擇、堪輿等術數，除在皇室人員及朝庭中應用外，也定期頒行日書、修定術數，使民間對於天文、日曆用事吉凶及使用其他術數時，有所依從。

我國古代政府對官方及民間陰陽學及陰陽官員，從其內容、人員的選拔、培訓、認證、考核、律法監管等，都有制度。至明清兩代，其制度更為完善、嚴格。

宋代官學之中，課程中已有陰陽學及其考試的內容。（宋徽宗崇寧三年〔一一零四年〕崇寧算學令：「諸學生習……並曆算、三式、天文書。」「諸試……三式即射覆及預占三日陰陽風雨。天文即預

定一月或一季分野災祥，並以依經備草合問為通。」

金代司天臺，從民間「草澤人」（即民間習術數人士）考試選拔：「其試之制，以《宣明曆》試推步，及《婚書》、《地理新書》試合婚、安葬，並《易》筮法，六壬課、三命、五星之術。」（《金史》卷五十一・志第三十二・選舉一）

元代為進一步加強官方陰陽學對民間的影響、管理、控制及培育，除沿襲宋代、金代在司天監掌管陰陽學及中央的官學陰陽學課程之外，更在地方上增設陰陽學課程（《元史・選舉志一》：「世祖至元二十八年夏六月始置諸路陰陽學。」）地方上也設陰陽學教授員，培育及管轄地方陰陽人。（《元史・選舉志一》：「（元仁宗）延祐初，令陰陽人依儒醫例，於路、府、州設教授員，凡陰陽人皆管轄之，而上屬於太史焉。」）自此，民間的陰陽術士（陰陽人），被納入官方的管轄之下。

至明清兩代，陰陽學制度更為完善。中央欽天監掌管陰陽學，明代地方縣設陰陽學正術，各州設陰陽學典術，各縣設陰陽學訓術。陰陽人從地方陰陽學肄業或被選拔出來後，再送到欽天監考試。（《大明會典》卷二二三：「凡天下府州縣舉到陰陽人堪任正術等官者，俱從吏部送（欽天監），考中，送回選用；不中者發回原籍為民，原保官吏治罪。」）清代大致沿用明制，凡陰陽術數之流，悉歸中央欽天監及地方陰陽官員管理、培訓、認證。至今尚有「紹興府陰陽印」、「東光縣陰陽學記」等明代銅印，及某某縣某某之清代陰陽執照等傳世。

清代欽天監漏刻科對官員要求甚為嚴格。《大清會典》「國子監」規定：「凡算學之教，設肄業生。滿洲十有二人，蒙古、漢軍各六人，於各旗官學內考取。漢十有二人，於舉人、貢監生童內考取。附學生二十四人，由欽天監選送。教以天文演算法諸書，五年學業有成，舉人引見以欽天監博士用，貢監生童以天文生補用。」學生在官學肄業、貢監生肄業或考得舉人後，經過了五年對天文、算法、陰陽學的學習，其中精通陰陽術數者，會送往漏刻科。而在欽天監供職的官員，《大清會典則例》「欽天監」規定：「本監官生三年考核一次，術業精通者，保題升用。不及者，停其升轉，再加學習。如能黽勉供職，即予開復。仍不及者，降職一等，再令學習三年，能習熟者，准予開復，仍不能者，黜退。」除定期考核以定其升用降職外，《大清律例》中對陰陽術士不準確的推斷（妄言禍福）是要治罪的。《大清律例・一七八・術七・妄言禍福》：「凡陰陽術士，不許於大小文武官員之家妄言禍福，違者杖一百。其依經推算星命卜課，不在禁限。」大小文武官員延請的陰陽術士，自然是以欽天監漏刻科官員或地方陰陽官員為主。

官方陰陽學制度也影響鄰國如朝鮮、日本、越南等地，一直到了民國時期，鄰國仍然沿用着我國的多種術數。而我國的漢族術數，在古代甚至影響遍及西夏、突厥、吐蕃、阿拉伯、印度、東南亞諸國。

術數研究

術數在我國古代社會雖然影響深遠，「是傳統中國理念中的一門科學，從傳統的陰陽、五行、九宮、八卦、河圖、洛書等觀念作大自然的研究。……傳統中國的天文學、數學、煉丹術等，要到上世紀中葉始受世界學者肯定。可是，術數還未受到應得的注意。術數在傳統中國科技史、思想史，文化史、社會史，甚至軍事史都有一定的影響。……更進一步了解術數，我們將更能了解中國歷史的全貌。」（何丙郁《術數、天文與醫學中國科技史的新視野》，香港城市大學中國文化中心。）

可是術數至今一直不受正統學界所重視，加上術家藏秘自珍，又揚言天機不可洩漏，「（術數）乃吾國科學與哲學融貫而成一種學說，數千年來傳衍嬗變，或隱或現，全賴一二有心人為之繼續維繫，賴以不絕，其中確有學術上研究之價值，非徒癡人說夢，荒誕不經之謂也。其所以至今不能在科學中成立一種地位者，實有數因。蓋古代士大夫階級目醫卜星相為九流之學，多恥道之；而發明諸大師又故為惝恍迷離之辭，以待後人探索；間有一二賢者有所發明，亦秘莫如深，既恐洩天地之秘，復恐譏為旁門左道，始終不肯公開研究，成立一有系統說明之書籍，貽之後世。故居今日而欲研究此種學術，實一極困難之事。」（民國徐樂吾《子平真詮評註》，方重審序）

現存的術數古籍，除極少數是唐、宋、元的版本外，絕大多數是明、清兩代的版本。其內容也主要是明、清兩代流行的術數，唐宋或以前的術數及其書籍，大部分均已失傳，只能從史料記載、出土文獻、敦煌遺書中稍窺一鱗半爪。

術數版本

坊間術數古籍版本，大多是晚清書坊之翻刻本及民國書賈之重排本，其中豕亥魚魯，或任意增刪，往往文意全非，以至不能卒讀。現今不論是術數愛好者，還是民俗、史學、社會、文化、版本等學術研究者，要想得一常見術數書籍的善本、原版，已經非常困難，更違論如稿本、鈔本、孤本等珍稀版本。在文獻不足及缺乏善本的情況下，要想對術數的源流、理法、及其影響，作全面深入的研究，幾不可能。

有見及此，本叢刊編校小組經多年努力及多方協助，在海內外搜羅了二十世紀六十年代以前漢文為主的術數類善本、珍本、鈔本、孤本、稿本、批校本等數百種，精選出其中最佳版本，分別輯入兩個系列：

一、心一堂術數古籍珍本叢刊

二、心一堂術數古籍整理叢刊

前者以最新數碼（數位）技術清理、修復珍本原本的版面，更正明顯的錯訛，部分善本更以原色彩色精印，務求更勝原本。并以每百多種珍本、一百二十冊為一輯，分輯出版，以饗讀者。

後者延請、稿約有關專家、學者，以善本、珍本等作底本，參以其他版本，古籍進行審定、校勘、注釋，務求打造一最善版本，方便現代人閱讀、理解、研究等之用。

限於編校小組的水平，版本選擇及考證、文字修正、提要內容等方面，恐有疏漏及舛誤之處，懇請方家不吝指正。

心一堂術數古籍　珍本
　　　　　　　　整理　叢刊編校小組

二零零九年七月序

二零一四年九月第三次修訂

三元九運篇

樵江柯學熙遠峯著　後學李紫珊刪正

陰陽篇

乾巽艮坤屬陽　配子午卯酉屬陰
甲庚丙壬屬陽　配辰戌丑未屬陰
寅申巳亥屬陽　配乙辛丁癸屬陰

陽用順行　陰用逆行　運星入中　飛佈八門　先飛到山
後看向星　逢五陰陽　山向推詳　本運星到　令星最良

陽用順行在山向上輪著陽星用順行也陰用逆行輪著陰星用逆行也假令康熙二十三年甲子交一運子山午向以運星一白入中六白在子山子午卯酉與乾巽艮坤相配則六郎乾也乾屬陽用順行再以六白入中則一白到午為運

星又以一白入中五黃到午五無方可定以山向推詳午向屬陰當用逆行再以五黃入中則一白亦到午為當元之星所謂令星也令山向之令星俱到向為得運為當旺如人之得時運其享通可知也餘倣此推

再提九運　卽是挨星　順挨出乾　逆挨出巽　舊法似煩
概歸乾行　口分順逆　不錯分文

三元九運之挨星、舊法順挨出乾逆挨出巽而口中統歸順說不善挨者未免嫌煩乃概歸出乾輪之於口中分順逆與舊法絲毫不錯故改之以便後學者

運用篇

始以運星入中輪再逢運到是令星令星所涖為得運此是合

時旺氣臨山星到山向歸向兩頭運至最通亨或俱到山或併向山管人丁向祿評

山星到山向歸向者如順治元年交八運即崇禎十八年甲申也丑山未向以八白入中二黑到丑辰戌丑未與甲庚丙壬相配二即是未屬陰以二黑再入中逆行則八白到丑為令星到山又以八白入中則五黃到未五無方位以山向定之未向屬陰將五入中逆行到未為八白星是向之令星到向為兩頭到是得運之最亨者丁財俱有也

若令星俱到山如康熙三年甲辰交九運亥山巳向以九紫入中則一白到亥寅申巳亥配乙辛丁癸則一是癸屬陰逆行一白入中到亥即是九紫則山之令星到山也又以九入

中則八白到巳八卽是寅屬陽順行則九紫又到亥是向之令星亦到山也山向二令星俱在山山管人丁也主吉

令星併於向者如一運癸山丁向以一入中則六到癸六卽是亥屬陽順行則山之一白到丁也又以一入中飛到丁是五、五無方位以向首定之丁屬陰將五入中逆行則向之一白亦到丁是山向之二令星俱在向向管財祿也他皆倣此推之

樞 按運中令星到山向當更合生尅方為全吉也

山星到向向到山失運退氣無令星令星到時宜砂水若無砂水決無靈

山上之星到向向上之星到山為兩頭不到此失運退氣不

可用也如三運之庚山甲向以三碧入中宮輪到庚是五黃五無方位以山首陰陽定之庚屬陽將五入中順行則三碧到甲是山之令星到向也又以三碧入中輪到甲是一白一即壬屬陽順行到庚是向之令星到山也爲反吟爲兩頭不到爲失運退氣即謂之無令星可也

令星到處須要見砂水若無砂水有運與無運同也如二運之子山午向須壬子癸方有砂水乃佳餘倣此推

令星到山或在向最怕尅我殺星臨然恩星高大亦可救旺星

財星喜其星砂占山而水看向龍強須以靜盤論

尅我之星如三運之子山午向以三碧入中宮輪之則八白到子八是艮屬陽順行則三碧到午爲令星巽方有砂爲七

赤為殺星大凶若兑方有高砂為恩星能化殺可救矣乾方
九紫能制殺若有高砂亦不妨也
又如二運之壬山丙向以二黑入中七赤到壬七即是庚屬
陽當順行則二黑令星到丙此之謂山上令星論砂者也仍
以二入中到丙是六六即是戌屬陰逆行而二黑令星亦到
丙此向上令星也論水當用向星則一白到坎為財星八白
到震為旺星九紫到坤為恩星凡此諸方有水皆吉惟兑艮
二方不宜見水以四綠到兑三碧到艮也餘倣此推
若龍來強盛兼看靜盤以其為母星也如四綠運以四入中
則六白在兑七赤在艮在運內兑艮方有砂水及來龍為殺
星所在不可用也然此法不甚重要古雖有龍強須用之説

然太版實不靈存而不論可也在疊論生尅中不妨用之樞
按今人論砂水多用此法喜其簡易也在蔣氏時原不甚重之何今人反重視之也

將來來者為生星已過時者為廢星然廢星有吉生有凶　切莫亂用損精神砂水兼收一六八四九相遇亦堪斟

經云將來者生當元者旺已去者廢去久死亡為其星將來已有生氣也故吉如動盤上在三運見四綠四運見五黃五運見六白皆吉然九運見一白一運見二黑皆尅運者不可用也如九運逢八白一運逢九紫二運逢一白四運逢三碧皆為廢星然四見三為旺一見九為財皆非凶星也用者須活潑潑地不可膠柱鼓瑟也

武曲皆可收水也餘多做此推之

樞按蔣派用局內九星法雖是廉貞卦然與葉九升氏用法有殊愚謂當以葉氏法為準兼攷平陽全書十二卷可也

山星向星相比視山為內兮向外評生入尅入進神吉生出尅出退神傾比和雖言無吉凶然為旺氣自安平

山之九星為內向之九星為外二者相較以看生尅如三運辛山乙向以三入中到辛是五辛屬陰以五入中逆行輪到辛山為三碧運星再飛到向為七赤仍以三入中輪到向是一白一即是癸屬陰亦逆行飛到辛山為八白飛到乙向為三碧令星山之三碧尅八白向之七赤尅三碧是山向俱犯尅出有運與無運等也

又如四運庚山甲向以四入中到山是六六即是戌屬陰逆行到庚山是四綠甲向是八白又以四入中輪到向是二二即是未屬陰逆行到庚山是九紫到甲向是四綠令星此山上之四綠生九紫為生出向上之八白受四綠之尅為尅入是向上得水則吉而山上不宜有也甲山庚向亦同此推

又如四運艮山坤向以四入中到艮是七七即酉屬陰逆行到艮山是四為令星到坤向是一仍以四入中輪到坤是一一即是子屬陰逆行飛到坐山是七再到向是四為令星此山上之四綠受七赤尅為尅入向上之一白生四綠為生出宜山上見水向上不宜有也

又如二運丑山未向以二入中到山是五從山為陰逆行再

紫白法以一白六白四綠八白九紫等爲吉星但非尅運砂水皆可採用收之皆能召吉也

砂水須在卦內吉出卦即非吉祥徵龍之卦氣亦宜淨然有出卦凶無憑卦外兼得貪巨武出卦亦如不出情旁卦兼收輔弼星直達補救可安寧

砂水龍俱宜在一卦出入爲卦氣清淨大吉若出卦則卦爻雜亂異姓同居安能召福一卦者如壬子癸爲坎卦未坤申爲坤卦之類是也不兼旁卦爲清淨然有兼旁卦而亦吉者所謂兼得貪巨戍五吉即直達補救之法也又曰兼貪兼輔出而不出之妙用者此也

如坤局丑山未向向上有未丁水在二運以二黑入中則五

黃到丑五從山為陰逆行則二黑到丑為山之令星到山又以二黑入中則八白到未八即是丑屬陰逆行則二黑到未為向之令星到也為運星兩頭到最吉然未兼丁嫌出卦又嫌四綠在離殊不知局是坤局即以坤宮起廉貞輪到離是貪狼吉星也

又如乾局亥山巳向向上見巳丙水在四運以四綠入中宮到乾是五黃五從山為陽順行則六白到乾四綠到巽是山之令星到向也又以四入中到巽是三碧三即是乙屬陰逆行到向亦是四綠是向之令星與山之令星同到向也但嫌丙水出卦殊不知乾局從乾起廉貞至離為武曲吉星也

又如巽局巳山亥向見酉辛水為貪狼邪水為巨門艮水為

到山是二黑令星輪到向是八白仍以二入中到向是八白八卽是丑屬陰逆行出乾飛到山為五黃到向為二黑令星是山見二五向見八二俱為比和平安可卜也

又如五運子山午向以五入中則一白在子山一卽子屬陰逆行則五黃令星到山在午向為六白仍以五入中到午向是九紫九卽午亦逆行到向為五黃令星飛到山為四綠於是山上四加五為尅入向上五加六為生入前後見砂水皆大吉也九運皆倣此推之

挨星五鬼卦篇

挨星定局法

辰巽巳水為乾局　丙午丁水為坎局　未坤申水為艮局

庚酉辛水為震局　戌乾亥水為巽局　壬子癸水為離局
丑艮寅水為坤局　甲夘乙水為兑局

畨　兑　震　從局宮起
卦　坤　坎　中起中止
　　　　　　邊起邊止
掌　巽　艮　上起下落
訣　離　乾　下起上落

一如翻輔星卦法但次序不同而用法亦異昔蔣大鴻氏以此法合三元紫白用之托為無極子傳其實亦無甚巧妙不果新人耳目耳

口訣曰

廉武破輔。貪巨祿文。位位起廉貞。貪狼依次行。立向不出貪巨武。收水陰陽宜淨衕。亦如九運合時用。常將納甲化裁成。

五鬼卦以廉武破輔貪巨祿文爲次序每從局起廉貞如丙午丁水爲坎一局卽從坎起廉貞坤爲武曲震爲破軍兌爲輔弼乾爲貪狼離爲巨門艮爲祿存巽爲文曲是也舉此一式餘多倣此推之

凡五鬼卦以廉貞易輔弼從局起不從向起餘如輔星布法也廉貞卽五鬼故名五鬼卦常將廉貞起故曰位位起廉貞姜汝皋曰此挨星法暗合元運趨吉召福百試而不差爲楊公千古不傳之秘訣也

樞按柯氏云五鬼卦須合全局一卦而用之不必如世俗分淨陰淨陽用反屬多事也 如五鬼方之砂水見之甚凶豈可

用也故坎局在一運反不可見坎水坤局在二運不可見坤水震局在三運不可見震水以五鬼在也餘局倣此葉九升曰艮定局只用八卦不分二十四山至立向收水仍要分二十四山如丙向丙水吉凶從艮斷不從離斷也又曰向宜立三吉向餘不可用如坎局以坤乙為武曲向乾甲為貪狼向離壬寅戌為巨門向來水亦以此七位為吉據此二說以葉氏為優蓋向之配水總不宜背淨陰淨陽背之必凶

楷按喬巷上有地師喬敦行者自塟其祖父之地壬子癸水如半月形坤申方有小墩面前大路橫攔自申至艮立丁向兼午塟後十數年於壬子年連傷三人丙辰年長子死自己亦亡平生不信淨陰陽其得效乃有如是者非所謂殺人一

萬自損三千也耶

五鬼卦斷驗法

廉貞屬火是瘟星火盜官非退田迍武曲田園財帛吉金星富貴總皆成破軍金星性兇暴非橫徒流軍盜生輔弼爲福亦爲災屬土當作凶星推貪狼召福是木星三多吉慶逞懷裁巨門土宿發財帛出人厚重休疑猜祿存土逢出孤寡離鄉背井苦伶仃文曲水星主蕩敗貪淫賭博退田頻吉神合運更加福凶星合運更無情

葉九升云平洋理氣不出九宮八山兩家八山以本局卦起廉貞以貪巨武三吉方爲吉九宮以本局星入中飛布八方以生氣方旺氣方爲吉兩家之定局同辨卦同但其推八方

之凶吉則不能盡同抑知地運有興衰得運者興失運者退非九宮則無以知之也方位有純駁陰陽相見則吉相乖則凶非八方則無以辨之也又曰五鬼卦于陰陽純淨中有廉貞駁雜處有輔星純處不能全吉駁處不皆盡凶陰陽相根禍福相伏極則必變所謂天道之妙也

又曰凡登穴塲既定穴道須審水從何方發源到堂何方出口若合水局以水局收之合金局以金局收之合火局木局以火局木局收之所謂認水立向者此也假如水自巽巳上來轉庚酉方出丑艮此金局水城也若立巽巳向則旺丁立庚酉向則人財兩旺立癸丑向左右兜抱不至流神直去亦發旺丁財蓋生旺水必由穴前過也 楷按據此說則徹瑩僧

三合法九升氏亦早以明之矣長生水法内却不明載何也

九宮紫白篇

大運

康熙二十三年甲子　七運

乾隆九年甲子　八運

嘉慶九年甲子　九運

同治三年甲子　一運

民國十三年甲子　二運

小運

道光四年甲申八運

同治三年甲子一運

道光廿四年甲辰九運

光緒十年甲申　二運

光緒三十年甲辰三運　　民國十三年甲子四運

氏年星以甲年起首星為主每年逆退一位飛布八方以占吉凶與坐宮星合而斷之如同治三年甲子起一白卽將一白入中飛布八方乙丑年九紫入中丙寅年八白入中丁卯年七赤入中戊辰年六白入中己巳年五黃入中庚午年四綠入中辛未年三碧入中壬申年二黑入中癸酉年一白入

中至甲戌年則九紫入中宮矣乙亥年仍以八白入中宮如前逆退週而復始餘倣此推

坐宮九星

以貼近之水作局無水以路作局無水路以山作局見砂以砂為局所謂局向高處定也倘逢二水或二路無遠近則作兼局一遠一近以近者為局一大一小以大者為局四圍有水或路以中宮為局三面有水亦可如中宮法算也假如壬子癸方有水或路即作九紫局戌乾亥水或路即作巽四局局定然後將其星入中宮飛布八方以斷吉凶

壬子癸水路為九局九紫入中宮。甲卯乙水路為七局七赤入中宮。丙午丁水路為一局一白入中宮。庚酉辛水路為三局三碧入中宮。戌乾亥水為四局四綠入中宮。丑艮寅水為二局二黑入中宮。辰巽巳水為六局六白入中宮。未坤申水為八局八白入中宮。

其法假如壬子癸有水路為九局若折角更有丑艮寅水路逼近即作九二兼局有丙午丁水即作坎離兼局若四圍有水不甚遠近即作五局以五黃入中宮飛佈八方以定吉凶有三面水路亦可如此說但有一字逼近即可作局如見丑水即作二局見酉水即作三局見丙水即作一局勿拘執也

月紫白九星

子午卯酉年正月起八白　寅申巳亥年正月起二黑
辰戌丑未年正月起五黃

其法如今年戊辰年正月五黃入中宮二月四綠入中宮三月三碧入中宮四月二黑入中宮五月一白入中宮餘多倣此每一月逆退一位將中宮星飛佈八方合坐宮九星斷吉凶亦如年星而效用更速也

大月建一名逆小兒煞即月紫白九星之底星也 如辰戌丑未年正月起五黃五黃入中則大月建亦在中宮二月四綠入中宮則大月建在巽三月三碧入中宮則大月建在震是九星之底也餘多倣此推之

附值年紫白捷訣

上元甲子起一白　甲戌逢之九紫逆　再到甲申用八白
甲午七赤換星列　甲辰六白逆行來　甲寅五黃向前出

中元四綠亦如然　甲戌三碧甲申黑　下元七赤亦同輪
甲戌六白為一律　每期十年退一星　即是九宮飛布術

值日紫白訣

冬至後用一七四順行　冬至至立春用一
雨水至清明用七　穀雨至芒種用四
訣曰冬至後逢甲子一甲戌二甲申三甲午四甲辰五甲寅六雨水後逢甲子七甲戌八甲申九甲午一甲辰二甲寅三穀雨後逢甲子四甲戌五甲申六甲午七甲辰八甲寅九俱入中宮順飛八方　以上俱用順行為序

夏至後用九三六逆行　夏至至立秋用九
處暑至寒露用三　霜降至大雪用六

訣曰夏至後逢甲子九甲戌八甲申七甲午六甲辰五甲寅
四處暑後逢甲子三甲戌二甲申一甲午九甲辰八甲寅七
霜降後逢甲子六甲戌五甲申四甲午三甲辰二甲寅一俱
入中宮順飛八方　以上俱用逆行為序
假令乙卯歲十一月十七冬至係戊子日泣甲申旬甲申起
三碧用排山掌（卽野馬跳澗法）在震三宮起甲申順輪則戊子泣兑
七宮知冬至戊子日是七赤入中宮也十八日起八白十九
日起九紫逐日順行便知某日是某星入中宮也餘倣此推
假令丙辰歲五月念二夏至係庚寅日泣甲申旬甲申起七
赤在兑七宮起甲申逆輪則庚寅泣坎一宮知夏至庚寅日
是一白入中宮也念三起九紫念四日起八白念五日　起七

赤逐日逆行便知某日是某星入中宮也餘倣此推

值時紫白訣

冬至屬陽　夏至屬陰　冬至後子午卯酉日子時起一白辰戌丑未日子時起四綠寅申巳亥日子時起七赤順行求值時星

夏至後子午卯酉日子時起九紫辰戌丑未日子時起六白寅申巳亥日子時起三碧逆行尋值時星入中順飛八方

以上年月日時但得紫白生氣便為大利又曰先以三元主運加之定二十年之吉凶再以逐年逐月之星加之則吉凶之期可決矣

審局法

凡審局以水為憑如陸地無水處只以行路定局地與水在二十步內者以水路定局二十步外者以坐山作局若兩水並近以最貼近之水作局大路亦然古人言五步內局為君山為臣五步外山為君局為臣此以最貼近言也然亦不必如是拘執可用二十步為限也

目講師云有龍莫問局立向與山同避殺就生位五凶不是凶三白真吉地退死亦為功一片模糊境真龍莫問蹤 樞按在山以貼近之高峰作局如酉峰作兑局戌峰作乾局之類是也貼近如無特拔之峰則取來龍為局然雖有山峰入首有龍脊高起當以落脈認局如在平洋有龍入首結局送龍水護局成龍虎亦當以龍作局所謂有龍莫問局者言不可拘執也仍當以

淨陰淨陽規其制度所謂官旺貴人位納甲莫相忘二句亦目講師語是也如平洋弔角式及飛邊地每多有氣無龍卽有龍過亦不東咽則弔角當以合水為局飛邊當認橫過水為局所謂一片模糊境真龍莫問蹤也

若論地局以合運為吉失運為凶然亦不可拘執如上元六十年雖以一二三之本運各管二十年在一運固以坎局地為得運為當旺然震巽二局水所生也不可謂之無氣在二運則艮局地為旺氣乾兌局地為生氣三運則巽地為旺氣離地為生氣四運則三局地雖去然亦未必不為旺氣世師每以失運為言亦何不思之甚也不特此也上元一白統管六十年故坎局地在六十年內不可嫌為無氣若無龍氣之地乃可以二十年

為限耳此理尤須知也

葉九升曰玉鏡註文止言小運以平洋地輕不得大運故僅以小運言也然平洋亦有大幹結作力大氣厚者還當以大運推其興廢小運以二十年易一星入中大運則以六十年易一星入中今康熙二十三年甲子係大運第七甲子七赤入中管事係小運第一甲子一白入中管事論地者當看其局之大小厚薄而用其星入中推斷八局之旺衰八方水路之凶吉可也

定局後方隅吉凶

地局既定屬何卦相比之星旺氣佳生我之神為生氣我尅財星亦稱懷我若生他為退氣尅我殺星最不諧

地局既定便以其星入中順飛八方以視生尅之吉凶如式

乾亥方有橫水便是巽四局以四綠入中順飛則三碧在巽為旺氣一白在坤為生氣五黃在乾八白在離二黑在震俱為財星凡此等方有水縈繞靜聚及砂擁簇並為吉利其六白在兌七赤在艮為殺星所在方九紫在離為退氣方有水繞砂擁並主不吉餘局倣此推之

生氣原主發官祿旺氣榮盛不須疑財星發富莫嫌死退氣耗貲非生恩殺星彰露凶難拒水去何妨吉可知

凡生旺方須水潮砂擁財星方須要高昂聚蓄退殺方雖凶然有水去反吉謂之出殺不為嫌也

昔人以財星為死氣退神為生氣者此占運星則可地局則不以為嫌也

三白從來是善曜卽為退氣亦吉星若得作財為魁星有峰英傑大聰明惟作殺氣為不吉機巧變詐毒惡深

三白一白六白八白也為善曜大能化凶為吉雖為退氣亦作吉論如火局見八白土局見六白金局見一白為子孫能制殺氣也若得作財為魁星此方有高峰主出英傑聰明孝義之人惟作殺氣則不吉主出機巧詐偽惡毒凶頑刑夭之人

四綠卽是文昌星寺觀鐘樓高峰尊若見昂砂及井塘文才出衆受皇恩更得一白並駕馳其家發貴定非輕

四綠為文昌星一白為官貴星二星有一卽吉況並駕而起乎凡四綠一白方有鐘樓寺觀高峰大墩及三义水井塘池

等主出文才出衆叨受皇恩之人若不合淨陰淨陽亦可出文人秀士但為鰥寡孤獨壽夭之輩如安鎮虞文元祖地子山午向癸峰聳拔尖秀以坎局論癸峰為一白文元中秀才其長子復中貢元早卒三子為馮玉祥部下陸軍少將是皆一白之應也但撥砂法癸為洩氣家貧無貲産但有空勢力炙手可熱耳

又見王姓地子山午向前有大溝橫攔為坎一局左有丑艮砂右有坤申砂長房自幼善讀書及長頗有文名然患血證妻先死不數年亦亡二房種田為業生二子家頗饒裕長子知書能文亦早亡可見文昌星高故善讀書然不合淨陰陽故早亡須合一而斷方為熨貼也

局中最忌五黃星關位如同殺氣臨尅他為財猶稍可砂聳水射禍來侵七九三二為尅洩年星加之禍必深

局中五黃星為關方與殺氣之凶同然局中尅他為財猶可稍減若其方砂聳水射必不免於凶矣

七赤為先天火數九紫為後天火星三碧為蚩尤星二黑為病符星若為局之殺氣退氣者年星及月星加之必有禍出此坐宮星為諸星之根本故也

局宮廢興

當元之局為旺氣地在旺運最亨通受運所生為生氣相比亦與旺時同局生元運為退氣尅運死氣莫相逢受運尅者為殺氣不惟不興莖反凶

當元如上元一運二十年一白管事坎一局為當元二運二十年二黑管事坤二局為當元是也受運所生如一運之震三巽四二局是也相比如二黑運之艮八坤二二局是也局生元運為退氣如中元四綠運屬木坎一局屬水為退氣也兑七乾六二局尅運為死氣也坤二艮八二局受運尅為殺氣也餘倣此推

地以局運為最重山向之運乃為輕其次有力莫如龍救星得運亦有情

地之得運以局運為最重最有力其次莫如龍龍得運則氣旺而力厚亦佳山向得運為力則輕非局運之所可比也救星如離九局在四運八九二方有三叉水及高墩大屋為

校 李註

救星高亦最得力然惟生局方有之也張九儀云龍有龍運局有局運山有山運向有向運砂有砂運水有水運但其言引而不發至此時始和盤拓出矣

年月星加方吉凶

先定局旺與生情次看加臨年月星生氣加生為益善殺入生方救可平殺氣尅方百不利殺加關位禍尤橫方若尅殺為禍淺不尅其方即不傾

此年月星會方星看吉凶法也先定局之生旺次看加臨之星以定吉凶如一運坎局七赤加坤以坤為生氣上元甲子二十年又得七赤生氣加坤年月上更得六白七赤加之玄空祕旨所謂位位生來連添喜氣是益其善也如坎局以二

八五等星為殺氣上元二十年六白在坎七赤在坤皆生氣也乙丑年五黃到坎三月八白到坎六月五黃又到坎是殺氣入生方也主遇災得救可化凶為吉且上生下也又如兑方有三碧於甲子年一白入中三碧到兑七月二黑入中八月一白入中遇四綠三碧到兑為連脫必致耗貲也然下尅上無大禍又如三運離局局之一白在乾乙丑年六月一白又到乾是方生其星尅局也較方尅星為凶又如八運七局局中九紫在兑乙丑年九紫亦在兑八月九紫又到兑運中一白激動其火星尅局凶禍難免且恐傷人也是月丁獨火又在兑所謂重重尅入立見死亡是也殺氣尅方百不利亦此也

所謂殺加關位者尅局之殺加五黃也五黃為關方己屬凶矣更得殺氣加之為禍尤烈也如四運巽局五黃在乾為關方辛未年六白入中宮則七赤到乾九月七赤又到乾十月六白到乾皆殺加關位也層層尅局凶可知矣

方尅殺易解茲不再贅

九紫不尅作吉星喜氣臨門吉慶成更參三合淨陰陽乘得龍氣富貴生單用紫白凶吉半有禍無福勿專評評盡諸家用此法害人家敗絕兒孫

九紫但不尅局亦作吉星論生局或為財星主喜氣臨門旺財發丁也

將此紫白法更合得三合長生淨陰淨陽穴內乘得龍氣是

然發福如單用此法必致發亾禍勿専評此法好也 如蔣大鴻氏専恃此法盡闢諸家法為偽人驟聞之不覺喜其新奇視為獨擅之祕不知其乃攫貲之計耳若偏用之害人敗家絕嗣可勝浩歎哉

附葬

葬法點穴舊已定忽欲附葬昭穆齊移宮換宿法至危稍一失著分高低一要納甲無破敗二要乘氣有所藉名雖為祔實正扦識差踣躓墜深溪

點穴之道真穴止能容一棺若非太極但乘其氣庶可容兩棺欲附昭穆實非地之所宜然貧家艱於買地舊穴已葬或稍得龍氣或恰合砂水令欲附葬者一要與主穴之墩合納

甲之陰陽二要接得著餘氣更外合砂水之純粹始為無咎實與正扦同也歸厚録云消納之法氣口為玄方分納甲九星執權又曰貧賤權宜昭穆分立移宮換宿至危之術未覩精微鮮不踣躓又曰咫尺萬里立辨死生局運星符與正同情在蔣氏尚如此審慎何令人反置而不講耶

楷讀歸厚録知蔣大鴻氏亦用納甲淨陰陽法但所據挨星是五鬼卦對宮起貪二派耳並非後世謬傳之蔣法也

駁目講師平洋訣

涇縣 郭芷祥著

目講師平洋訣世人皆奉為圭臬執之甚力然其語句多有辭不達意令人誤解以累人者如曰江湖河海號平洋風水真傳列有行避風避水真絶也風吹水散壽丁長夭曰避風避水真

絶地是言地上之陽風不當避好水在前不當避可耳若地下之陰風凹缺之岡風低處之坑風形惡之劫水衝射之劫水豈宜不避乎且避水亦有不絶者反以避爲吉也如錫之坊前有一田田邊一池圓淨以盤格之爲巽巳水既不能立巽向立巳向又全無意味被本處地師倪姓者爲立夘向本無子塟下至五年歲在癸巳得一子家計驟亨令且稱小康矣是避水亦未必皆絶也

又曰平洋低處要尋低坐基低下有盈餘基若高時窮到底天然制定不差移此語亦多弊病若曰低處尋低是在低窪積水之處矣安得有氣基若高時窮到底此語未嘗不是然但可以該尋常之地格非所以語乎變也

又曰穴前向高進金銀穴後地高主絕人坟前地低家資索坟後地低壽百春夫平洋之局固是喜穴前向高忌低若坟後地低是地形之起伏活動處然穴後地高未必絕人屢試不驗不足據也兼有似乎驗者亦陰陽之駁雜耳曾見余許墅張姓祖地癸山丁向丑艮方有圓墩後有豎頭低平之岡高過穴尺餘其墩勢頗親於坐山坟之左右俱低此家惟二房有丁財三長俱絕不惟後高絕人不驗卽左右宜低之理亦不準也又有周姓地穴後地高而滿離三四丈後有古塜三恰當壬子癸方立子山午向乙辰方有池水一泓如鏡左右俱低曠無遮共五房人葬後四房先發二房後五六年又發貲財人口為村推獨步可憐長三五房俱絕矣存此二說餘可類推

又曰穴傍左右護砂多塟後兒孫漸消磨坟左坟右兩邊低兒孫一舉便登科又曰平洋坟後高壓塚各房退敗人絶種又曰平洋左右高壓穴兄弟兩房人必絶又曰平洋邊低一邊高逢高敗絶低富饒又曰平洋穴後一尺低個個兒孫會讀書又曰平洋左右兩邊低兄弟兩個做尚書是皆言在穴後左右宜低而不宜高也與地理服左不通風長房絶右不通風小房絶後不通風房房絶之意同談者精精有味似乎的確實據殊以之覆地則不然雖在平洋果係真結地不拘前後左右必有陰砂包護必不受風吹然有本身包護有外砂衛護若見本身包護者其局必緊穴内氣煖而易發凡後龍起脊高露入首束咽清楚其水必從束咽處起左右回抱圈成形局或圈一面如鈎其

結地之外田必高過穴處一二尺或尺許然有鈎轉如臂護其一面即倚之點穴而水外之地却高如本身者此名邊寬邊緊發亦至速亦有龍行數十里漸起漸伏伏而又起至此忽成緊窄小局如仰掌或如仄掌本身之砂包護前面更鈎轉作案地大衹五六丈及十數丈而堂局護衛照應俱備此最速發之局豈可指為塟後兒孫漸消磨之地耶至於穴後左右高壓未必皆絕且有發丁財貴顯者如黃四房黃增源祖地三房人辛山乙向穴後戌乾水靜聚亥龍壬子癸有高砂坤申午亦有高砂俱於穴外緊夾羅城所謂左右不通風也三房俱為温飽之家惟二房業屠而尤富此亥龍戌乾水之故也後長房聽外來地師以不通風為嫌鋤去壬子癸砂遂傷龍氣一子一女俱死別

房仍無恙也又如周家巷周閏芳祖地亥龍丙向羅城外庚酉辛砂圓如雞卵高過穴三尺許丑艮方有方墩如印高過穴尺許長房生二子家小康次房一子發巨富近年酉砂被別家鋤低二尺次房遂衰落矣又有吾鄉顧姓地壬龍丙向無水左右田俱皆比穴高尺許右護縮短左田鈎轉有情左田邊有小墩在外圓而頂尖右護係低岡其上生一大墩在庚酉辛而墩尖正在酉長房發一秀才稍清貧小房發一孝廉巨富則左右高壓之說何其無驗耶豈目講師當時因出於臆想而成也耶師又云穴後右邊高又高二房貧苦夭難熬穴右田塍三尺高二房敗絕不相饒穴右田塍漸漸高二房男死寡婦號穴右土厚高且肥二房螟蛉塚邊啼將此說試問二十餘年竟無一驗故

敢筆之於書以告來者其所云穴後低為吉惟倒騎龍可用此法弔角式亦偶有合者也至於坟左坟右兩邊低惟平中突可用此語蓋平中突必是四圍田平如紙中間動處略高一二尺或三尺許龍之東咽水之衛穴來去陰陽俱合規矩是乃至吉之壤莫因其四畔低而棄之也若如目講師所云穴左三尺四尺低長房個個做尚書穴左田塍漸漸低長房富貴管三妻等語如左右俱低外無救砂者差之必主敗絕慎不可聽也

又曰時師不識平洋訣坐低向高為真穴丁財兩旺壽康寧祕傳切勿與人說此為倒騎龍穴言也他格恐未必合此

又曰平洋明堂高又高金銀積庫米陳廒此即地之倉板格也

又曰平洋明堂低又低萬兩黃金也化灰此即地之捲簾格也

又曰平洋明堂低外高長次兩房足富饒此低而有案橫攔故吉張九儀琢玉斧增註有此格可取而閱也

又曰平洋如掌心各家巨富斗量金此語確有靈驗然二房最好他房恐未必好也

以上五條其理皆適當可從葉九升云凡後龍起脊高露者其氣屬陰前宜開窩出陽為佳塋宜高處點穴不可扦於低下之處不如法則主絕丁　芳按平洋後龍起脊者多有扛夾護砂衛身作結雖比本身略高數尺　自然賓主相稱首尾呼應而結美地也又平洋立地非倒騎龍面前不能必高然非吐出長大茵褥者不能見前低也要當以向前與本身平稱為吉耳

平洋指掌篇　郭芷祥著

山以大山為祖次於大山為少祖祖山而下為宗山宗山後近者為父母山也平洋則以山為祖有石大墩為宗若離山已遠則以無石大墩為祖高處布脈之地為宗其勢則異其理一也平洋之脈亦從山來但以山起頂下者為貫龍不起頂下者為賤龍貫頂下者亦賤龍也又中出之龍必自山半而起出山脚下落平洋其傍必有小枝隨龍而下謂之護龍夾從兩傍作護其從他山來橫貫如十字者為之扛夾扛夾愈多則龍力愈大甚有小枝得扛夾之力變作大枝再夾而成幹者雖不多見亦頗有此格也

龍之纏護非一有一峰並出三脈下山脚出平洋中出大龍為正幹其傍兩脈即為護龍隨侍相衛而行者此格頗多然結穴

却不專在正幹護龍亦多能結穴但不如正幹之力大也
有二龍並出落平洋互相為纏護以結穴者在水木行龍多有此格木星每多直行其節中擺蕩彎曲者即水木行龍也有本龍獨出不生枝脚遇別方來龍橫貫作護以結局者有直出無護節中自生小枝作抱衛以結局者二條惟木星行龍有之古人言眠木莖節立木莖芽此不生小枝而成穴又一格也有枝龍反借幹龍為護者有幹龍生短枝結局反藉木幹為護者有枝龍纏過幹龍合幹龍互結成穴者在金水行龍有此格也金星行龍必起圓墩結地亦成圓形其圓墩小而多者即是金水行龍也

土星行龍每多豐厚濶大起方墩結地亦成方形自生枝脚不

借外護結大局者半以此龍也
火星行龍多斜出起尖角結穴處亦多生尖嘴其性怪僻扦之
必有禍出古人用洩墓或可免禍也
凡山脚出脉肥厚或結咽細嫩前有大溪橫攔則穴在是矣或
下山跌斷更起星峰開顏向大山者必翻身結回龍顧祖之穴
或下山束咽順下橫起高岡攔阻溪水拱揖或背岡逆潮左右
砂回護結穴之處豐厚分合俱合規矩此初下山結大地不易
得者也更有龍初下山出脉不及半里便有高岡橫攔不見外
洋岡下生小溪或養蔭池水左右亦復衛穴非結騎龍即是斬
關可扦也若直瀉見外洋即無地矣
凡木星行龍有兩條並行中夾涇瀆河浜者為之夾水龍雖行

數十百里要伏屢起不歇其形多結飛邊斬關等局惟見水龍生之金龍制之始結正局見金龍始結者木受斲削故也又有三条並下者即名川字龍有杠夾即名王字龍及工字龍結穴亦如前說可類推也

又有木星連下數条名楊柳枝者遇水星行龍亦能結地古人言龍有蛛絲馬跡草蛇灰綫蜂腰鶴膝鼠尾兎耳皆五行之變格也

凡龍出山落平洋起即伏伏即起起則有形伏即失蹤然雖失蹤仍有可稽之處曾公言一望平洋要必有水流不過之處即屬龍脊亦必有高平之阜為祖宗不拘乾流溼流亦必有上分下合之處此即伏行之陽龍也玄機云出格皮毛雖博換骨肉

無差總一般言星體之不易變尋龍看星之可稽者以此也堪與經云枝幹者如樹之形勢也正枝是幹旁則是枝又曰幹不起峰枝不勢大又曰有幹化枝有枝化幹又曰起峰龍欲住勢大化爲幹又曰龍雖有幹脈從枝落勢雖有止氣多旁出又曰有幹護枝有枝護幹又曰幹龍到頭莖多貧絶尋龍篇云幹剥嫩枝吉將在茲枝剥老幹其行尚遠水龍經云枝龍作穴須長久幹龍氣盡不須求蓋幹龍須生枝包護而能結穴古人言好地多從腰裏落回轉餘枝作城廓者此也若枝龍初下山其身雖甚細屢受大龍扛夾得大龍之氣養之則化爲粗大行數十里牽藤生枝無異幹龍力量甚大是枝中之幹也若幹龍遠行到頭雖有外護不生枝脚禿如筍与草木不榮土鬆如灰水漏

無蓄莖之必絶尋龍看幹枝之可稽者以此也龍之行也必有起伏頓跌收放之處陰龍之行必起長岡或為高阜大墩伏處雖為平地發現之處仍高如故若起伏踴躍不已則不能結地至此忽轉平坦其旁砂水略有照應地卽結於此矣所謂壠莖其麓也然其過峽大小低平之状亦不能拘但以盤格之不出一卦之界耳陽龍之行多闊大不起岡阜卽過峽處起墩多是小墩或但為兩浜相對之小壩或河低隱伏之暗壩或田角與田角相接或峽或兩頭平版大田中夾小峽田微高尺許或借大路轉角為過峽或反於池底過峽追見忽然地形突起砂水衛拱則地在是也矣陰龍之峽多有以大壩過高阜過河邊過水中土埂過雖有時亦平伏不見其小易忽然總異於陽龍之

峽也且過峽未必節節見形往往一節顯形一節無形者或河岸邊略起高嘴即是過峽或此處河底略淺亦是然追前面去則又顯形矣凡隱峽不過兩節若追過兩節仍不見形在三節必現矣追過三節仍不見形者不是追差而失形即是龍枝轉小而到梢矣此失蹤之可稽者賴有此也

凡龍之行度前過峽與後過峽每相對不甚差錯即龍身過大亦不能出一卦所謂一卦者盤上之三字耳非拘拘於一卦之位也雖水星行龍紆曲甚巨如蛇如龍如藤之盤如水之縈然必還歸原位而過峽不出一卦之限此其所以可稽也若枝龍不過一二字位耳

識龍之中當須識氣龍則骨也氣猶肉也雖古人有葬龍葬氣

之說然扦穴畢竟塟氣為多視氣尤難於看龍當世所謂明師不過識龍而已未必識氣耳至有以龍霧為氣者江南人最多尤為可笑夫認霧可識幹枝幹龍霧高大枝龍霧低小不能識穴之所在認霧可知有龍無龍不能定龍之來去且霧之現也不能現其全身不過日現一二節而已霧先到之處雞輒先鳴後到後鳴然有坑廁阻之則霧不能過反從去處倒撐入來處此視霧之所以無徵也豈若視龍氣以形為據之有驗哉塟經云地有吉氣土隨而起此卽視氣之法也堪輿經云隱微嫩活為生氣又云星體臥於平田氣脈從乎水現脈隨水行氣隨水抱又曰氣如子水如母母去則子隨子住則母亦住又曰田龍地脈隱而氣藏遇水則現又云脈出平洋散却蹤定須依水去

審峽未有龍真而無美峽未有峽美而不結地謝子奇云有插浜為明峽有起伏為暗峽肝膽經云峽脈短細龍束氣陰陽分受龍結地蓋龍落平洋散漫而行一望平坦何處有蹤可尋耶惟從出脈處格之向其方追去視兩浜相對處即為龍之過峽又於此峽處格之更向其方追去半里或一里仍有兩浜相對者此峽之明過者也若一邊止現一浜謂之單過或現一池水或兩池水相夾謂之養蔭過此池即養蔭水也或中起一狹田略高四畔則低或兩田共相對略高或田之四角相對起一小墩或一邊田高其下低處生脊或倚河邊高地而成形皆暗過也在不結地處見之則為過峽結地處見之則為束氣過峽處現扛夾則龍力加大有護砂衛之則結地不遠矣雪巷師云平

伏過陽峽也起脊過陰峽也山龍過峽處忌風吹水激平洋龍之過峽處則不忌也所謂風吹水激壽丁長一句可移此過峽處用也視過峽處必有氣從峽起不拘峽前峽後如此處成局即為斬關地也倘過峽處不借外勢自成一局即是騎龍穴也然氣雖從峽起者多平地從龍身行度處起者亦復有之但雖從龍起未必與龍同行有龍南行氣反北行者龍直去氣却橫行者然砂水就氣則當倚氣扦之就龍則當倚龍扦之總以堂局為準不可執一也

龍在山初下其山若近塘河者其龍則隨水而行者多不隨水
行者少也水若流南去其龍即南行水若流北去其龍即北行
也若東西流水其龍亦然若追龍之蹤跡而追前去乃有追後
去若無者即是幹龍上分出來之枝龍也是枝龍也其在幹龍
水界峽上分出來者也
然龍在山初出亦有幹龍枝龍之分其勢闊大者為幹龍其形
狹小者為枝龍若在峽上生出之枝龍者即謂分枝劈脈也若
其山近處無塘河者其龍即不一行也

斬關局

斬關格者多點穴於龍過之處如官場設立關卡其龍氣必從此過不能漏走此其所以可葬也有前斬後斬中斬之別須擇堂局之可據砂水之淨粹扦之

前斬關格

前斬關者因龍過峽後頗有形勢可據砂水可倚取其動折活

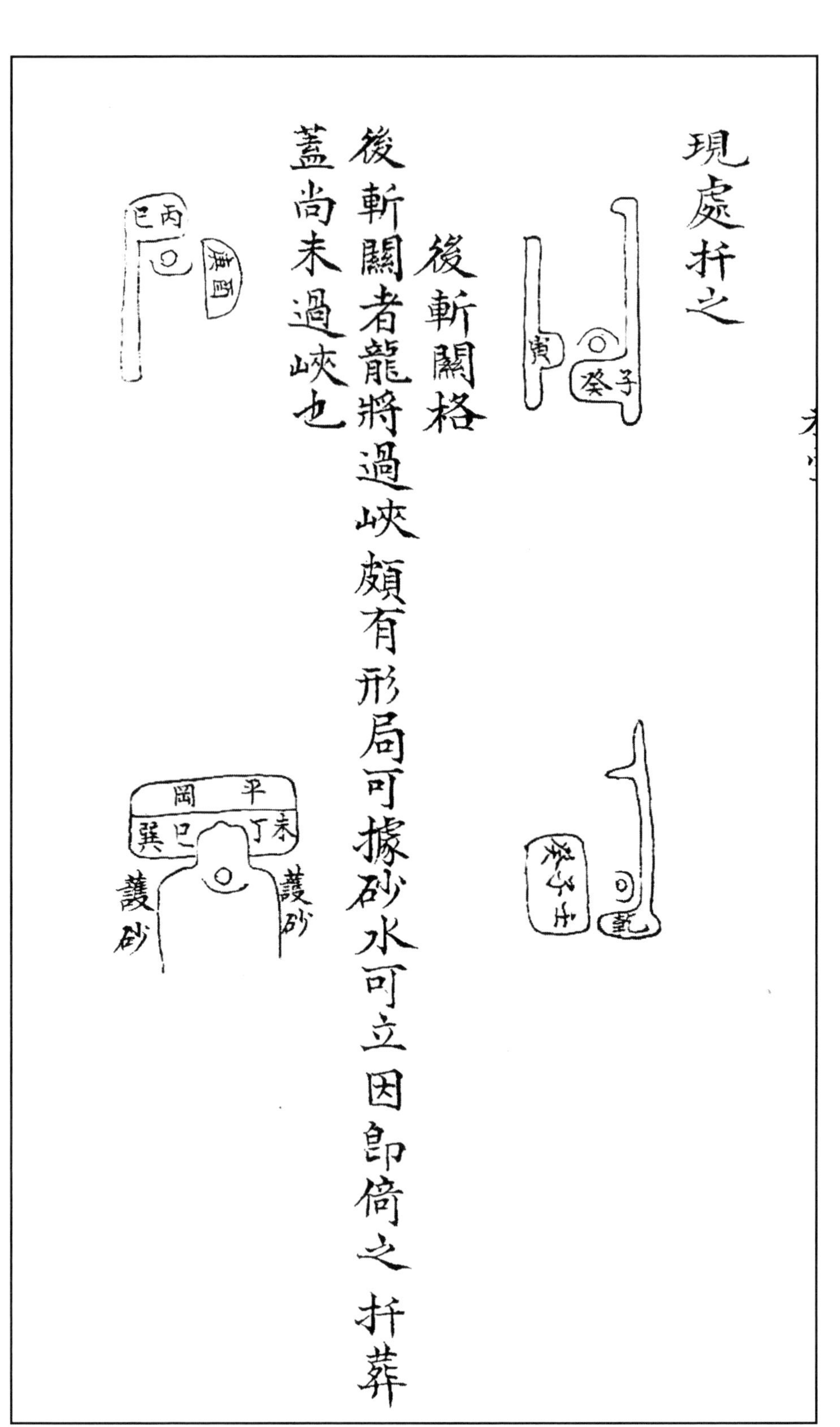

現處扦之

後斬關格

後斬關者龍將過峽頗有形局可據砂水可立因卽倚之 扦葬

蓋尚未過峽也

中斬關格

中斬關者前後俱有過峽中有形局可據砂水有情於窄中取寬折之

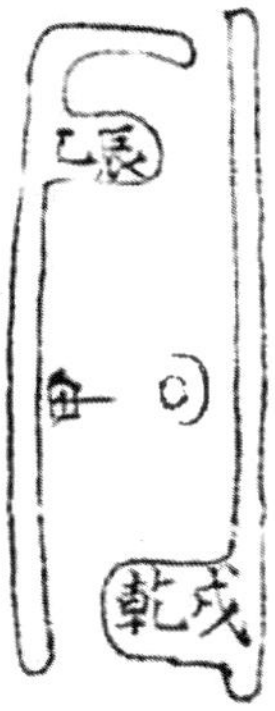

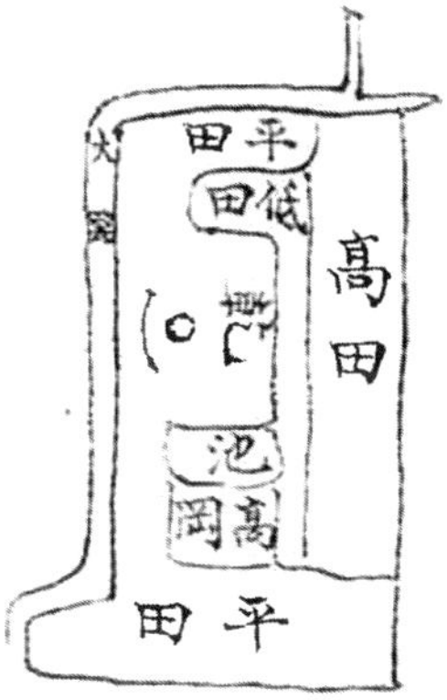

騎龍局

騎龍格者周圍包裹有堂局可據砂水護衛不失規矩但龍從

中一道穿過既非正結亦非腰結亦如斬關之承接其龍氣也但斬關有迎無送或有送無迎此則有迎有送然中斬關亦有迎送但踈忽不稱此則緊緊包紥爲異耳然有倒騎順騎横騎之别當因局而㸃穴不可一例看也

倒騎龍格

倒騎龍者龍從前來 形局必前高後低當以坐空朝滿法扦之若龍從前來雖有堂局包裹仍有送無迎即合坐空朝滿立穴亦是斬關格耳此式須知

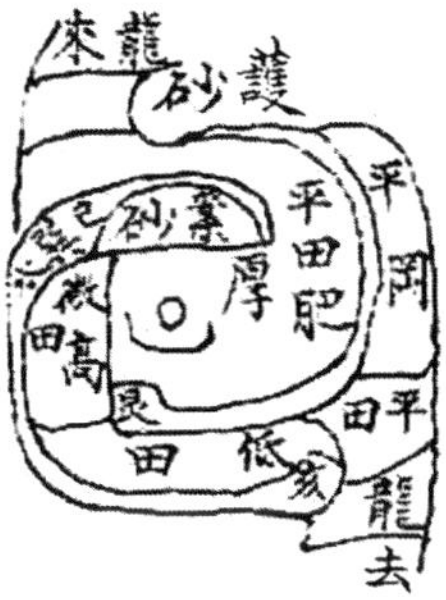

順騎龍格

順騎龍者龍水俱順行堂局包裹周密有送砂為案關住內氣方可扦穴此地亦不能多得若有迎無送仍是斬關格耳非騎龍也

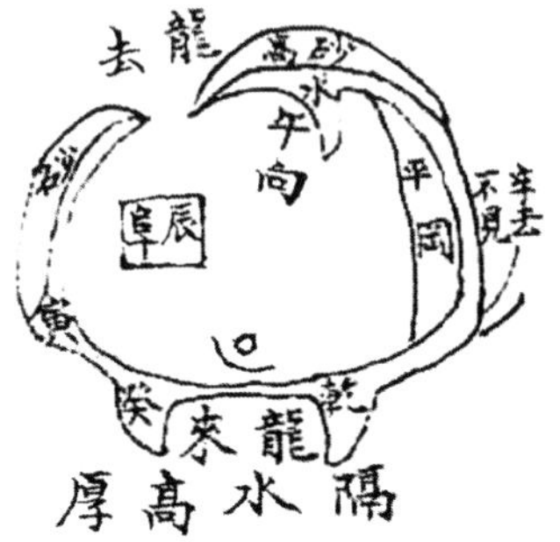

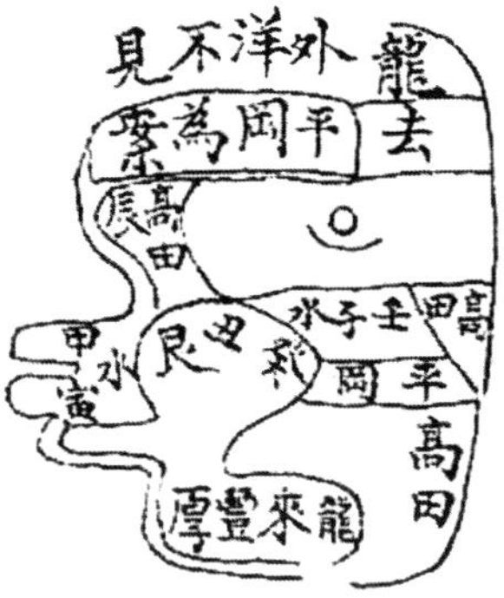

橫騎龍格

橫騎龍者龍縱行而局橫結也又有龍橫過立向順勢則直所謂貼脊穴亦此意也遍觀諸邑橫騎龍格甚多而葬者蓋寡非特具眼之師少有德之家亦鮮故也

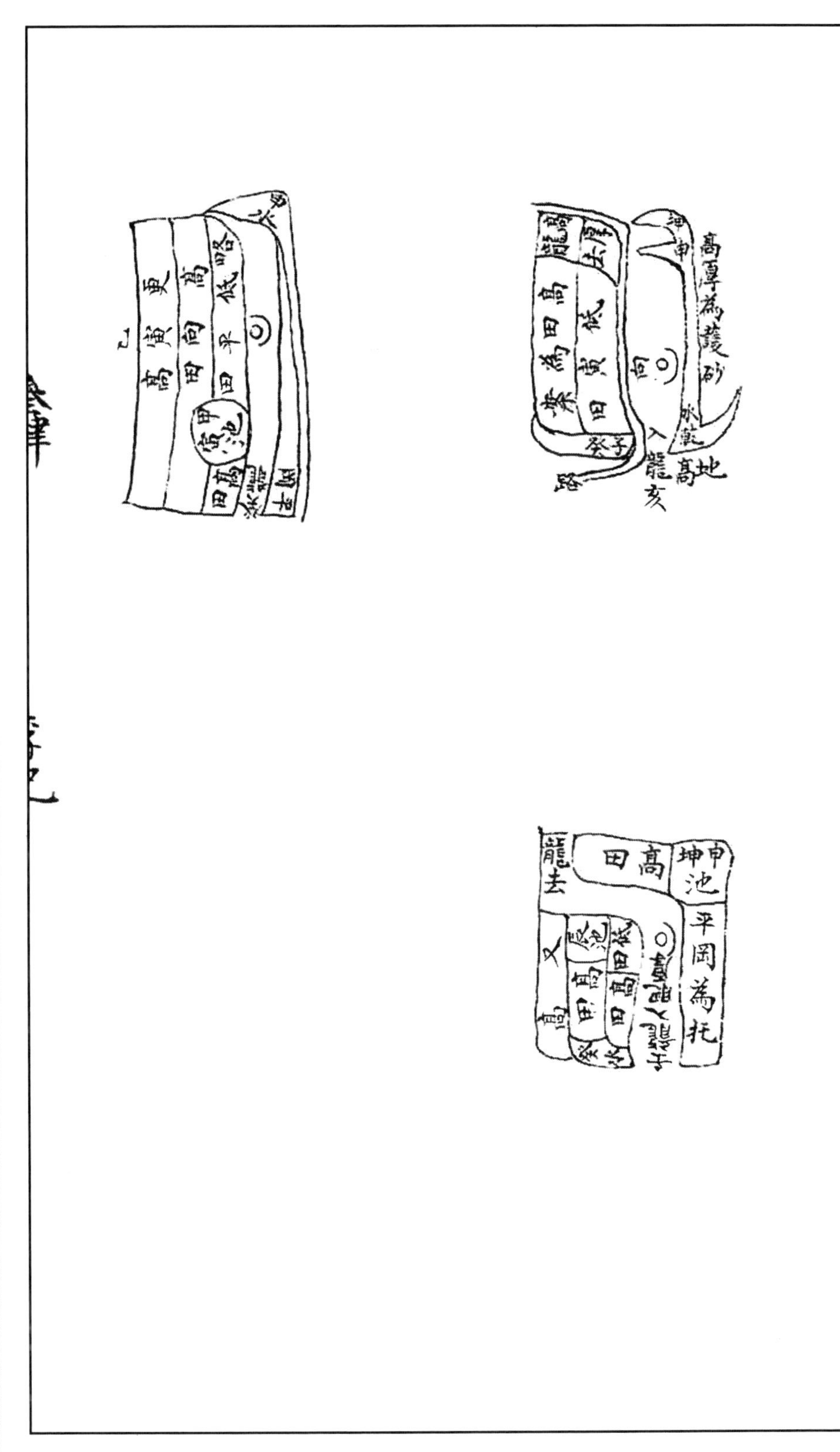

繪此彭祖河南沈姓大發人丁地

為貼脊穴之證

飛邊局

飛邊局者龍沿水行既不來氣亦不寬蕩惟忌水外地低不忌坐身强直大抵木星行龍多結此地兼有水土星龍亦能結之有坐空坐實之微別然幻形甚夥不能一例測也且飛邊多有結於水城之背者豈常法所能識耶大抵水城有外醇內肆者每多據背扦之又二水夾一地如帶者亦飛邊格也如藕節如瓜藤如秋葉如半月如覆舟如仄掌如負擔如穿梭皆飛邊之變格也

飛邊坐空格

飛邊格於曠蕩處每多坐空宜從收放動折中扦之大能發福

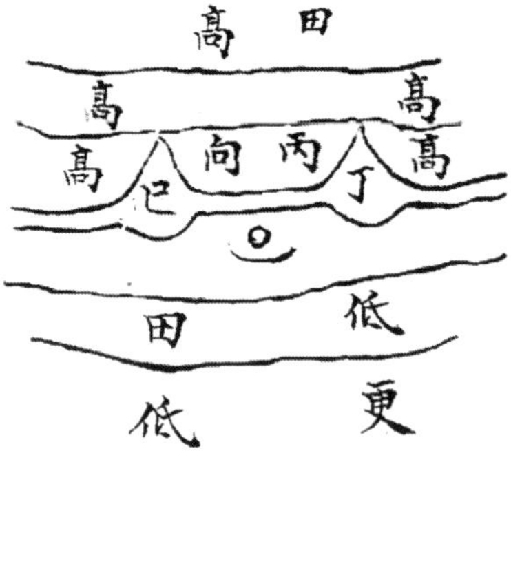

飛邊坐實格

飛邊有頂龍扦或橫龍貼脊扦者多以坐實為佳

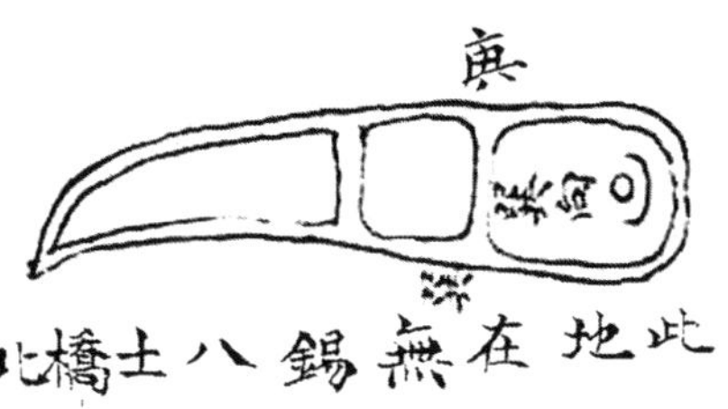

此地在無錫八士橋北

丙向

中央大路

地在宜興陳村

平版飛邊格

飛邊生於平版處者多平均其動靜湊龍過處扞之

未向
丙
庚酉

平岡
丙巳
庚酉

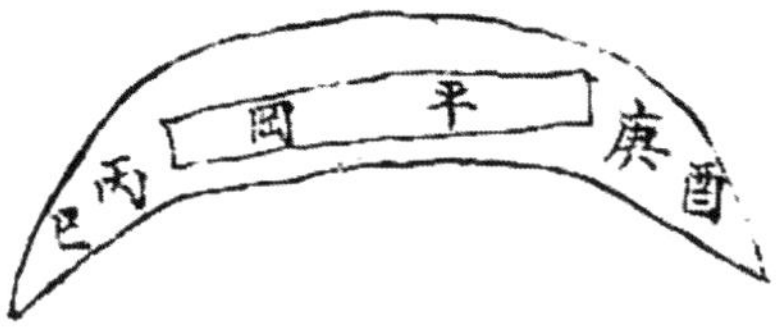

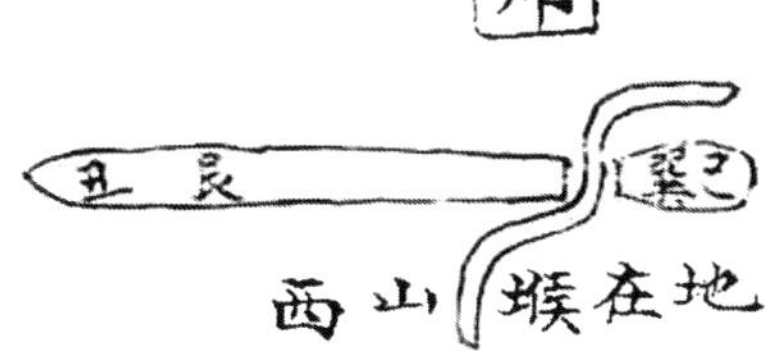

亥向

辛

巳

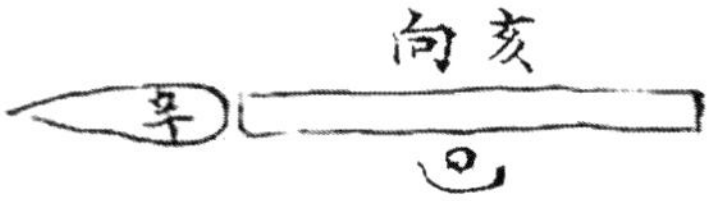

地在常熟西門外

飛邊葬河面格

飛邊葬河面者雖地局緊窄不害其吉酌宜淨粹扦之

面前見水即為無地

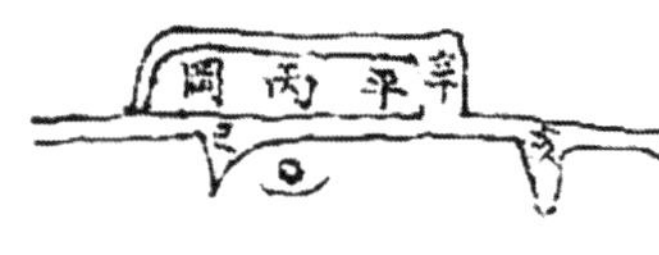

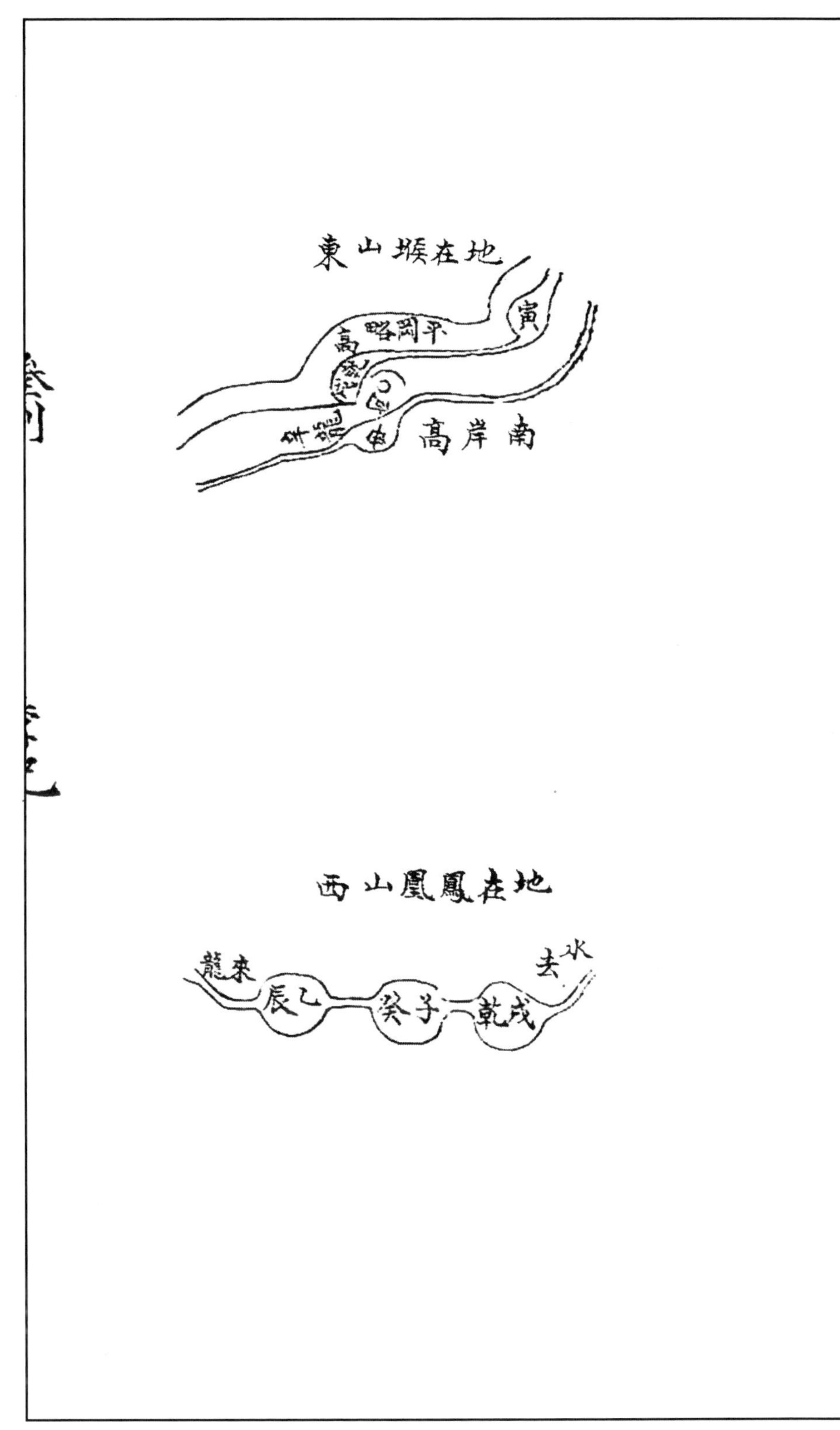
地在猴山東
寅
平岡略高
南岸高
申
地在鳳凰山西
來龍
乙辰
子癸
戌乾
水去

飛邊葬河背格

飛邊葬河背者必是在河背上見砂明水秀龍氣生動入於河面水城內望之却索然無味或水本反砂本飛立河背上望之不惟不見砂飛水反反覺有情拱抱是皆可葬之地也葬之大能召福可富可貴古人能立此等穴者誇為道眼雖未可稱為怪穴然俗人見之生嫌未免謗之多而用之少反不如一無所知之地師但知年通月利却有誤葬之暗合其格而發福者非地主之德厚所致者耶

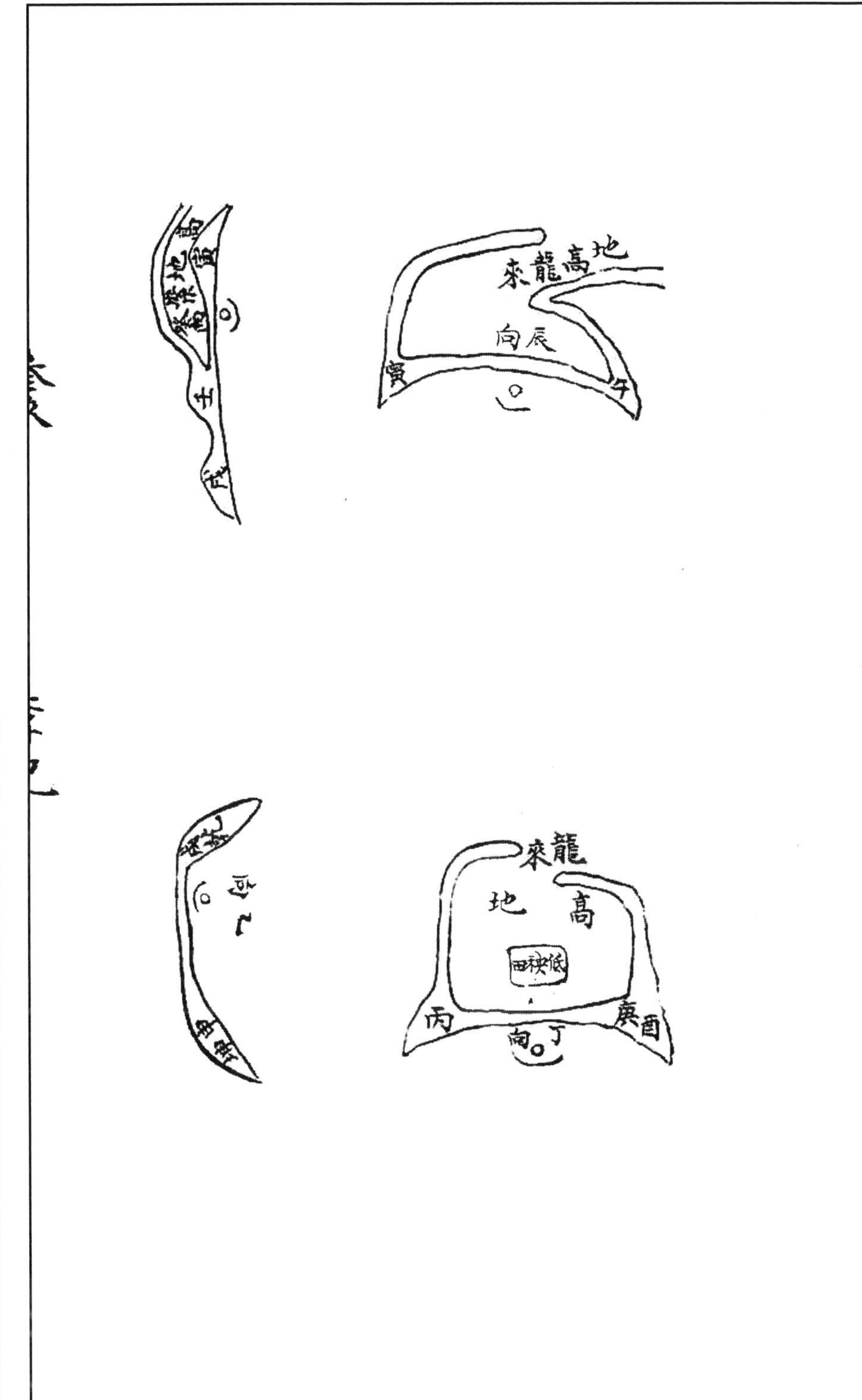

來龍高地
向辰
寅
午
壬
戌
來龍
地
高
低秧田
丙
丁
向
庚
酉

弔角局

葉九升云平洋之結有田畔無水皆平坂而無峽者必飛邊或弔角而結地飛邊者必是平鋪之脈身上不帶微水而來直撞至水邊畧開堂局者即結或横開堂局者亦結弔角者因龍身無鶴膝蜂腰之狀兼之雄奔厚重鋒芒盡斂直到角處微露精華而結地

鄭按弔角格有無束氣有束氣半面全身之殊外面多有護砂而龍氣齊到者最能發福較之飛邊易為認識若其内堂局小者須頂脈扦之不然則犯裹頭絶不可下也

無束氣吊角格

無束氣吊角者多係大龍遠來雄厚行過多少平曠無峽無攔不能結地至此忽被界水攔阻龍氣遂於此停泊故無束氣亦能結大地非尋常之目所能測識也然枝龍亦多有此格

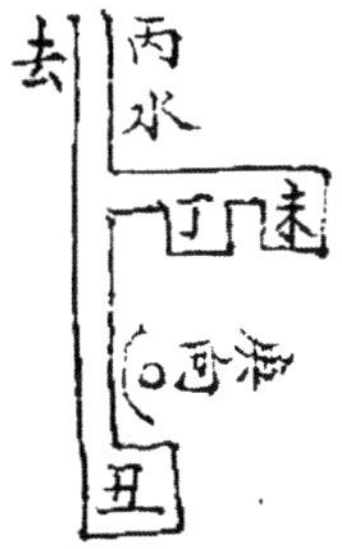

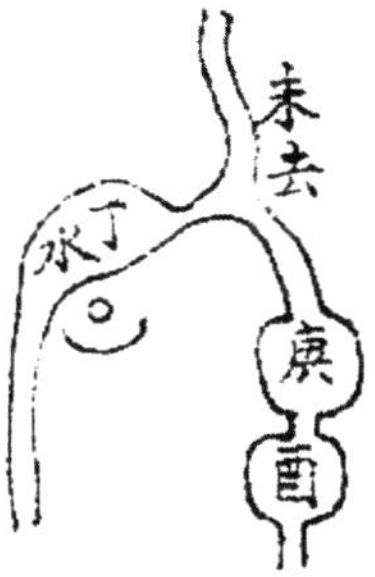

有束氣弔角格

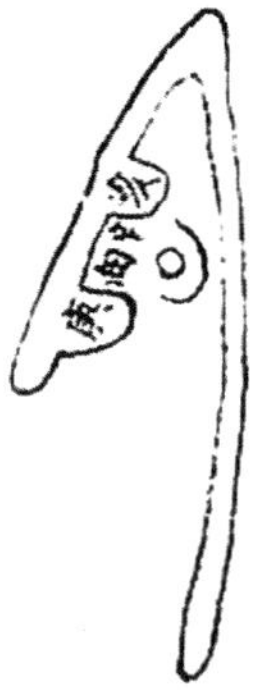

有束氣弔角者枝龍到頭多結此格或大幹上生短枝亦多有成此格者然局勢緊窄須量勢小心頂脈扦之或過緊則承龍脫圍扦之若誤葬入圍變成裹頭主絕嗣為師者慎之

以上二格俱枝龍結局法用頂脈扦之

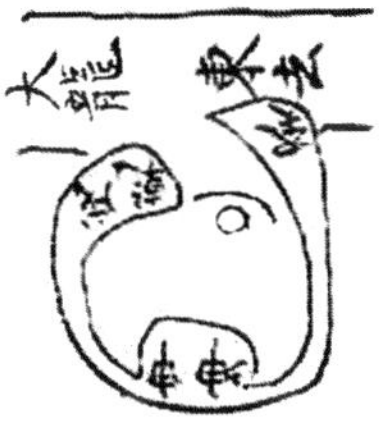

以上二格俱幹龍生短枝結局扦法同上

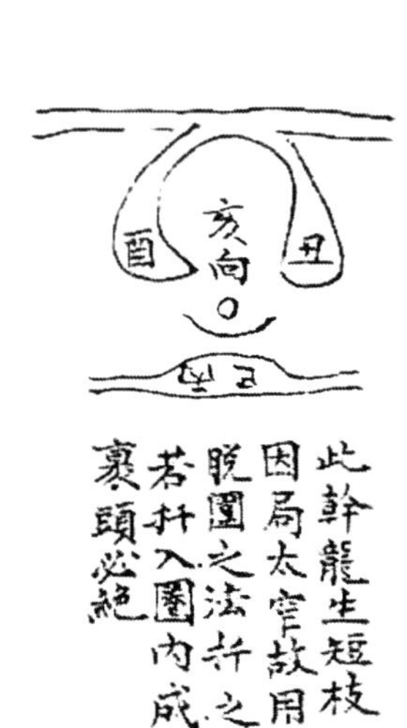

此幹龍生短枝因局太窄故用脫圍之法扦之若扦入圍內成裏頭必絕

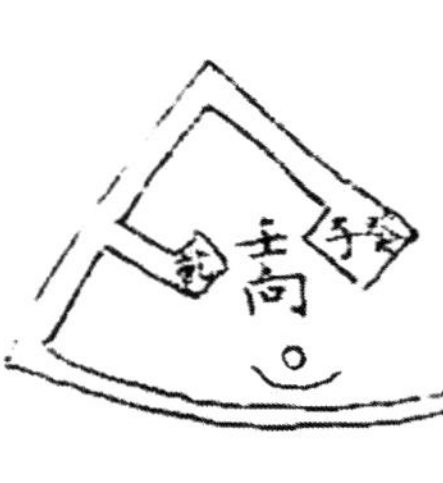

此枝龍到頭結局緊窄亦用脫圍法扦之葬入圈中亦必絕

接氣局

接氣者不拘一砂一水但以承接龍氣為主或於無砂水之處亦能結局所把握者在龍在氣不限地格古人往往用此法所謂視地於無形處也今人則置而不講矣

葉九升曰老陽地面毫無起伏水法有情則平田亦可葬此為一望平夷無高低處言也然纏水之處必有微高微厚活動如雲如浪之氣發現其穴必點在活動恰合之處也

又曰平陽曠畈之中四邊離水甚遠一望版死不動則無結作若略有尺寸高低有盤旋之勢有依稀環抱之情乃是低坦綿亘之局多有悠久之穴但世人不易識耳

古人云平洋不開口神仙難下手開口者以有生氣也不開口則版實不動無生氣可尋也

古人言穴怪脈不怪玄機云怪穴須知脈不差蓋地師能識龍辨氣知脈之所鍾則穴自不走也

平陽串云平洋高地開口吐乳有情而水城環抱相應者結穴

開口穴宜點出則近空而氣動若點進則版實而死吐乳宜點進扦舌根若點出為裏頭煞凡口不可葬於口中若低葬口中則龍砂蔽斷風氣壙中水溼必至敗絶

點穴之法不拘山地平洋其勢雖異其理則一最緊要莫如心德集數語終身用之不盡其語曰點穴之法同中取異不高不低無太過無不及淺土不可深葬深穴不可淺葬須長中取短短中又取長曲處取直直處取曲方中取圓圓中取直高中取低低處取高動中求靜靜中取動硬中取軟軟處尋硬薄中取厚厚中尋口肥中尋平瘦中取肥飢處取飽飽中取飢葬無妙法生氣為奇語句雖俚旨趣可倚也

古語云水星葬泡火星葬焰土星葬角金形敲邊惟有木星立

眠兩便眠木葬節之木芽言神樞經云直中取曲須觀直盡曲
初直少共多理在韜光取熖姚瞻旂註云直則死曲則生曲初
正生氣發生之始共則為火韜光則火不猛烈熖則生發之氣
也

如無錫鉗記載尤渡里眠倒蠟燭形其燭上火係一低秧田
如火花在庚方亥方有水鈎轉到卯巽方亦有浜水暗會卯
地出艮方氣則從乾隨大路而下丑未上俱有小墩其燭身
東西眠正對庚方郭師芷祥註謂宜近火臨弦燭盡處未入
火中之處扦之以泥灰黑色有油腥氣為證土人言光緒十
八年冬天大冷河水冰數十日惟此處亥水未冰秧田中不
積雪然地之言人人殊見故至今未葬想積德者少也

認龍訣云大塊平田到頭左右不開界水僅有穴前低田作小明堂即以小明堂為定穴之的又曰有衆小取大衆大取小散中求聚聚中取特直來取橫橫來取直正中取偏偏中取正葉九升云一入水鄉便向河路尋浜頭若浜頭有曲抱灣兜有情處則有穴可扦若無浜頭直硬無情則不結穴一平地上有墩阜即向墩阜去尋得有局面審局定穴宜朝高坐低得水為妙又曰凡一坦平地不生墩阜便要看平地陷凹處向凹弦覓穴依法扦葬若平地無浜頭掬抱又無口無墩一片如鋪氈者乃死土也不必尋求

鄭按在結穴處不拘墩阜屋宇刹幢塔廟華表大樹橋壩均名為砂溝漕池塘浜澗秧田陰溝均名為水水分動靜流動之水

宜用三合規去來輔星看出面出面者鄉人呼為井又名開漾者是也靜水但合淨陰陽便佳不必用三合也若水溝陰溝多不出面但用三合看來去然有時亦可以來去合輔星用也

凡水之出面及砂之夾從須見尖圓方三形為最佳即有他形總不若此之妙如水雖出面　砂雖崛起不見尖圓方形不過小有丁財而已富貴非所望也

又水本不圓至此望之忽圓砂本不尖至此望之忽尖墩本不高至此望之忽高砂本遠至此忽近水本暗至此忽明砂水本長至此忽短砂水本駁雜至此忽純粹砂水本強直至此忽彎抱是皆有地之證也

不拘何地總要有護砂則吉無護砂則凶然有一面兩面三面

之殊皆不失為吉壞惟斬關可無護砂平中突亦無護砂然其規矩反勝於有護砂者不可不知也

凡純粹之水起短浜謂之起峰浜然正對宜短偏則長亦不妨不拘前後左右俱喜見之因長則有風故喜短也如不正對則風不掃穴故雖長不妨也葉九升云左右之水固喜其衝但宜閃受穴點直衝者非也地有唇乳穴宜靠根外為餘氣若離根點穴者非也高地開口穴宜近弦若點進離口遠者非也

古人言水狹則衝水闊則不衝然要看闊水暨裏短否若但看目前之闊不顧暨裏之短恐犯地風吹透子孫稀之句也有情之砂喜其近穴侍立然兩砂並立了檔太緊者其了中必有風來亦須避也葉氏言直下之水宜遠對是矣然其直水不大長

則可直水大長雖遠亦不可對也如羊共歸家墳穴來龍氣砂水俱合規矩當向有水直衝然離穴將一里似無害矣不知此水長三里餘凡河長三里其對之直處地中亦有三里之風故歸氏葬之不十載而子孫絕矣吁可畏也

古人言平洋星辰眠倒看形勢與山同也故袁叔倫平洋訣云亦開帳纏護亦過峽束氣 愚謂平洋事事與山同故平地亦有樂托有鬼撐有禽星有拖曜亦開撐轉翅亦生枝劈脈也

凡扦穴每求生氣之所在扦之此至訣也金針碎言云地理惟生氣最為難識若能識得生氣點穴自不難矣其法以活動為生硬直為死細嫩為生粗蠢為死圓淨為生共利為死散中見聚處為生顯中取隱處為生平洋串云結穴之場其土必微高

微動方為有氣若平版不動則為死土如水星在平洋形若波浪須於水動特異處有金泡扦之或轉木星處扦之火星在大洋中亦能結穴須在尖盡處及開鉗口扦之土星宜扦角土形方有一角見圓形者卽生氣所在謂之土角流金卽宜扦之若四圍方中心忽起動折現圓泡為之土腹藏金扦腹可矣木星在平地多眠體扦節可也有曲處葬曲可也有芽横出者亦生氣可扦也惟金形須要從邊下穴神樞經云一片頑金求其些些動處却用偏處轉關所謂懸鐘邊響釜仰歸臍者皆生氣之所在也

夫淨陰淨陽之理本出於天然之道非人力所能免強也古人以之龍配向用賴公閱地專以此定水之純駁高公乃以此卜

平洋之砂祲皆窺得造化之妙也張九儀氏以之配輔星卦亦無害於理卽古人所傳之三合局亦不能捨此立法高公以之合用實臻妙境然先哲以龍配向用之陽龍立陽向陰龍立陰向頗形迂闊之跡不適於用後人以局配向用之名為五鬼卦稍覺近理以之覆地頗有與造化自然結構相違者知其非出於自然乃人之思想所為也自蔣平階創山向紫白招法托為無極真傳人驟聞之耳目為之一新於是崇尚新奇者競相率而走入魔道指諸家之良法皆斥為偽更合以五鬼卦誇為千古以來一家獨得之祕無識之士大夫亦復隨聲附和之自此視地之真法幾將亡矣如于蘭林章仲山輩皆欲附門牆為耳孫以售其術於當世最可笑者莫如范宜賓竟欲獨步蔣室斥

罵他家一如蔣氏作乾坤法竅首冠果親王序以壓信當世更甚於蔣氏之攀姜汝皋為弟子術士之無恥于是乎極矣然習其法者至今更多豈非魔高於道多也吾輩皆非生太古何必嘵嘵以辨真偽但取法之驗者而從之去其不驗者自無覆宗絕嗣之患矣

編號	書名	作者	說明
占筮類			
1	擲地金聲搜精秘訣	心一堂編	沈氏研易樓藏稀見易占秘鈔本
2	卜易拆字秘傳百日通	心一堂編	
3	易占陽宅六十四卦秘斷	心一堂編	火珠林占陽宅風水秘鈔本
星命類			
4	斗數宣微	【民國】王裁珊	民初最重要斗數著述之一；未刪改本
5	斗數觀測錄	【民國】王裁珊	失傳民初斗數重要著作
6	《地星會源》《斗數綱要》合刊	心一堂編	失傳的第三種飛星斗數
7	《斗數秘鈔》《紫微斗數之捷徑》合刊	心一堂編	珍稀「紫微斗數」舊鈔秘本
8	斗數演例	心一堂編	
9	紫微斗數全書（清初刻原本）	題【宋】陳希夷	斗數全書本來面目；有別於錯誤極多的坊本
10-12	鐵板神數（清刻足本）——附秘鈔密碼表	題【宋】邵雍	無錯漏原版 秘鈔密碼表 首次公開！
13-15	蠢子數纏度	題【宋】邵雍	蠢子數連密碼表 打破數百年秘傳 首次公開！
16-19	皇極數	題【宋】邵雍	清鈔孤本附起例及完整密碼表 研究神數必讀！
20-21	邵夫子先天神數	題【宋】邵雍	附手鈔密碼表 研究神數必讀！
22	八刻分經定數（密碼表）	題【宋】邵雍	皇極數另一版本；附手鈔密碼表
23	新命理探原	【民國】袁樹珊	子平命理必讀教科書！
24-25	袁氏命譜	【民國】袁樹珊	
26	韋氏命學講義	【民國】韋千里	民初二大命理家南袁北韋
27	千里命稿	【民國】韋千里	
28	精選命理約言	【民國】韋千里	北韋之命理經典
29	滴天髓闡微——附李雨田命理初學捷徑	【民國】袁樹珊、李雨田	命理經典未刪改足本
30	段氏白話命學綱要	【民國】段方	民初命理經典最淺白易懂
31	命理用神精華	【民國】王心田	學命理者之寶鏡

編號	書名	作者	說明
32	命學探驪集	【民國】張巢雲	發前人所未發　稀見民初子平命理著作
33	澹園命談	【民國】高澹園	
34	算命一讀通——鴻福齊天	【民國】不空居士、覺先居士合纂	
35	子平玄理	【民國】施惕君	
36	星命風水秘傳百日通	心一堂編	
37	命理大四字金前定	題【晉】鬼谷子王詡	源自元代算命術
38	命理斷語義理源深	心一堂編	稀見清代批命斷語及活套
39-40	文武星案	【明】陸位	失傳四百年《張果星宗》姊妹篇　千多星盤命例　研究命學必備
相術類			
41	新相人學講義	【民國】楊叔和	失傳民初白話文相術書
42	手相學淺說	【民國】黃龍	民初中西結合手相學經典
43	大清相法	心一堂編	重現失傳經典相書
44	相法易知	心一堂編	
45	相法秘傳百日通	心一堂編	
堪輿類			
46	靈城精義箋	【清】沈竹礽	沈氏玄空遺珍　玄空風水必讀
47	地理辨正抉要	【清】沈竹礽	
48	《玄空古義四種通釋》《地理疑義答問》合刊	沈瓞民	
49	《沈氏玄空吹虀室雜存》《玄空捷訣》合刊	【民國】申聽禪	
50	漢鏡齋堪輿小識	【民國】查國珍、沈瓞民	失傳已久的無常派玄空經典
51	堪輿一覽	【清】孫竹田	
52	章仲山挨星秘訣（修定版）	【清】章仲山	章仲山無常派玄空珍秘　門內秘本首次公開　沈竹礽等大師尋覓一生末得之珍本！
53	臨穴指南	【清】章仲山	
54	章仲山宅案附無常派玄空秘要	心一堂編	
55	地理辨正補	【清】朱小鶴	玄空六派蘇州派代表作
56	陽宅覺元氏新書	【清】元祝垚	簡易・有效・神驗之玄空陽宅法
57	地學鐵骨秘　附　吳師青藏命理大易數	【民國】吳師青	釋玄空廣東派地學之秘
58-61	四秘全書十二種（清刻原本）	【清】尹一勺	玄空湘楚派經典本來面目　有別於錯誤極多的坊本

62	地理辨正補註　附　元空秘旨　天元五歌　玄空精髓　心法秘訣等數種合刊	【民國】胡仲言	貫通易理、巒頭、三元、三合、天星、中醫
63	地理辨正自解	【清】李思白	公開玄空家「分率尺、工部尺、量天尺」之秘
64	許氏地理辨正釋義	【民國】許錦灝	民國易學名家黃元炳力薦
65	地理辨正天玉經內傳要訣圖解	【清】程懷榮	秘訣一語道破，圖文并茂
66	謝氏地理書	【民國】謝復	玄空體用兼備、深入淺出
67	論山水元運易理斷驗、三元氣運說附紫白訣等五種合刊	【宋】吳景鸞等	失傳古本《玄空秘旨》《紫白訣》
68	星卦奧義圖訣	【清】施安仁	
69	三元地學秘傳	【清】何文源	
70	三元玄空挨星四十八局圖說	心一堂編	三元玄空門內秘笈　清鈔孤本 過去均為必須守秘不能公開秘密 與今天流行飛星法不同
71	三元挨星秘訣仙傳	心一堂編	
72	三元地理正傳	心一堂編	
73	三元天心正運	心一堂編	
74	元空紫白陽宅秘旨	心一堂編	
75	玄空挨星秘圖　附　堪輿指迷	心一堂編	
76	姚氏地理辨正圖說　附　地理九星并挨星真訣全圖　秘傳河圖精義等數種合刊	【清】姚文田等	
77	元空法鑑批點本——附　法鑑口授訣要、秘傳玄空三鑑奧義匯鈔　合刊	【清】曾懷玉等	蓮池心法　玄空六法 門內秘鈔本首次公開
78	元空法鑑心法	【清】曾懷玉等	
79	曾懷玉增批蔣徒傳天玉經補註【新修訂版原（彩）色本】	【清】項木林、曾懷玉	
80	地理學新義	【民國】俞仁宇撰	
81	地理辨正揭隱（足本）　附連城派秘鈔口訣	【民國】王邈達	揭開連城派風水之秘
82	趙連城傳地理秘訣附雪庵和尚字字金	【明】趙連城	
83	趙連城秘傳楊公地理真訣	【明】趙連城	
84	地理法門全書	仗溪子、芝罘子	巒頭風水，內容簡核、深入淺出
85	地理方外別傳	【清】熙齋上人	巒頭形勢、「望氣」「鑑神」
86	地理輯要	【清】余鵬	集地理經典之精要
87	地理秘珍	【清】錫九氏	巒頭、三合天星，圖文并茂
88	《羅經舉要》附《附三合天機秘訣》	【清】賈長吉	清鈔孤本羅經、三合訣法圖解
89-90	嚴陵張九儀增釋地理琢玉斧巒	【清】張九儀	清初三合風水名家張九儀經典清刻原本！

編號	書名	作者	說明
91	地學形勢摘要	心一堂編	形家秘鈔珍本
92	《平洋地理入門》《巒頭圖解》合刊	【清】盧崇台	平洋水法、形家秘本
93	《鑒水極玄經》《秘授水法》合刊	【唐】司馬頭陀、【清】鮑湘襟	千古之秘，不可妄傳匪人
94	平洋地理闡秘	心一堂編	雲間三元平洋形法秘鈔珍本
95	地經圖說	【清】余九皋	形勢理氣、精繪圖文
96	司馬頭陀地鉗	【唐】司馬頭陀	流傳極稀《地鉗》
97	欽天監地理醒世切要辨論	【清】欽天監	公開清代皇室御用風水真本
三式類			
98－99	大六壬尋源二種	【清】張純照	六壬入門、占課指南
100	六壬教科六壬鑰	【民國】蔣問天	由淺入深，首尾悉備
101	壬課總訣	心一堂編	過去術家不外傳的珍稀六壬術秘鈔本
102	六壬秘斷	心一堂編	
103	大六壬類闡	心一堂編	
104	六壬秘笈——韋千里占卜講義	【民國】韋千里	六壬入門必備
105	壬學述古	【民國】曹仁麟	依法占之，「無不神驗」
106	奇門揭要	心一堂編	集「法奇門」、「術奇門」精要
107	奇門行軍要略	【清】劉文瀾	條理清晰、簡明易用
108	奇門大宗直旨	劉毗	天下孤本　首次公開 虛白廬藏本《秘藏遁甲天機》 奇門不傳之秘　應驗如神
109	奇門三奇干支神應	馮繼明	
110	奇門仙機	題【漢】張子房	
111	奇門心法秘纂	題【漢】韓信（淮陰侯）	
112	奇門廬中闡秘	題【三國】諸葛武侯註	
選擇類			
113－114	儀度六壬選日要訣	【清】張九儀	清初三合風水名家張九儀擇日秘傳
115	天元選擇辨正	【清】一園主人	釋蔣大鴻天元選擇法
其他類			
116	述卜筮星相學	【民國】袁樹珊	民初二大命理家南袁北韋
117－120	中國歷代卜人傳	【民國】袁樹珊	南袁之術數經典